燕　著

那朵，这朵——青春彼岸的爱情

SPM 南方出版传媒

全国优秀出版社　全国百佳图书出版单位　广东教育出版社

· 广州 ·

图书在版编目（CIP）数据

那朵，这朵：青春彼岸的爱情 / 曾宏燕著. ——广州：广东教育出版社，2016.11

ISBN 978-7-5548-1373-7

Ⅰ.①那… Ⅱ.①曾… Ⅲ.①心理健康—健康教育—青年读物 Ⅳ.①B844.2

中国版本图书馆CIP数据核字（2016）第248111号

责任编辑：黄　倩
责任技编：佟长缨
装帧设计：陈宇丹
封面设计：r.studio
版式设计：王　勇
插　　图：曾宏燕

那朵，这朵：青春彼岸的爱情
NADUO，ZHEDUO：QINGCHUN BI'AN DE AIQING

广东教育出版社出版发行
（广州市环市东路472号12-15楼）
邮政编码：510075
网址：http://www.gjs.cn
广东新华发行集团股份有限公司经销
佛山市浩文彩色印刷有限公司印刷
（佛山市南海区狮山科技工业园A区）
787毫米×1092毫米　16开本　12印张　240 000字
2016年11月第1版　2016年11月第1次印刷
ISBN 978-7-5548-1373-7
定价：28.00元
质量监督电话：020-87613102　邮箱：gjs-quality@gdpg.com.cn
购书咨询电话：020-87615809

　　"星星是很美的，因为有一朵人们看不到的花……"，小王子说。

　　"让每一个默许，每一个静静的春天的悸动，都成为一朵小花的生日"，顾城的诗如是说。

　　星星上的那朵，很美很美。

　　春天里的这朵，纯真可爱。

　　那朵和这朵，一个在星空，一个在原野。

　　晴朗的夜晚，这朵，遥望着星空里的那朵……

目录

CONTENTS

教育的真谛

钱理群

也许真是因为老了，心也变得柔软起来，我只是读了本书的一部分，就止不住流了好几次眼泪。明知道这本书不是给我看的，而是让孩子们读的，我却依然读得如此投入——这是一本真正的启蒙书，而且不只是启孩子之蒙。在阅读过程中，我不断地反问自己：尽管忝身于老教授、老教育工作者、老语文教师队伍之列，但我真的懂得"教育的真谛"了吗？

就拿本书用得颇为频繁的词"神圣"二字来说吧，我们早已经把它忘却了，甚至是讳莫如深了，以致今天究竟有几个教师是怀着"神圣感"走上讲台的？而我们的社会又有谁真正把教师视为一个"神圣的职业"？记得曾看到一篇文章，说某教授视三尺讲台为"圣坛"，每次上课，都要认真梳洗，特别是九月一日开学前必将沐浴，衣冠楚楚地出现在新学生面前，学生看着就觉得亲切、舒坦，神圣感油然而生，老师还没有开口，教育就已经开始了。当然，真正吸引学生的，不只是外表，更是教师的精神、气度，因此有些教师衣着随意，也依然为学生所倾慕。但这些"故事"听起来似乎已十分遥远了，"古风"早已不存在了。

"魅力"这个词也是本书的作者最爱用的："教育的魅力""语言的魅力"等等。但这样的词也被"陌生化"了。教师越来越变成一种纯粹的谋生手段，商业化行为。学生出钱，老师卖知识，"赚钱"成为教师从事教学工作的唯一的动力，"教育的魅力"所产生的教师生命的内在驱动力早已是"天方夜谭"了。

还有"爱",这是本书的"主题词",更是"不合时宜"。我们早就视为"资产阶级教育思想的核心"而将其批得"体无完肤"了。至于本书的论述中心——"对中学生的爱情教育",恐怕题目本身就足以把人吓跑……

这就是我们必须面对的现实。而这样的"面对"是让人十分痛苦的。我甚至感到自己的"心"在流血:我仿佛觉得,和我的生命相连接的"教育"的母体被肢解、掏空了。

是的,被掏空的,正是教育的核心:"人"与"精神"。

不错,我们曾有过将"精神"绝对化,鼓吹荒唐的"唯意志论"的时代,导致了全民的物质与精神的双重极端贫困化。我们也有过在"培养纯粹的人"的旗号下,将人工具化的历史教训,这都是不应该忘记的。但难道我们真的在泼去污水的同时,也必须将"孩子"倒掉吗?

本书的作者说得很对:我们正在进行"教育观"的较量。当社会物欲横流,腐败的毒汁渗向下一代时,我们必须坚守住教育这块"精神的圣地";当孩子们的身边充满了各种急功近利的诱惑甚至"教育"的时候,"我们必须教育我们的学生"用自己的心去热爱周围的人,去帮助周围的人,引导他们在走向高尚的路上迈进。

面对日趋商业化与工具化的教育,面对人的独立创造性与想象力的压抑,我们必须高扬教育的科学精神与人文精神,以培养独立的、自由的具有批判精神与创造力的"人"作为我们教育的出发点与归宿。

我们自然知道自身努力的有限性。我总要想起鲁迅说过的那句话:我们所做的,不过"如一箭之射入大海",实在是可怜得很的。但我们又确实不能坐等"客观条件的成熟",我们的生命说不定就会在这等待中荒废。我们只能从自己做起,从现在做起。我这才明白,曾宏燕老师的这本书,让我如此感动,原因大概就在于此。我们从本书的字里行间,本不难看出曾老师努力的艰难,但她却在给她的有限的自由空间里,做了一首首多么精美的教育"诗篇"啊,她把她的学生带入了怎样一个美好的世界啊。当你读着这本书，随着曾老师和她的学生一起，来到郊外，听着曾老师亲切的召唤："你们听一听，树林里的声音，大自然的声音""你们能读出云儿讲述的故事吗？"……你能不感受到生命的美好与和谐吗？……当情人节的玫瑰绽开在教室里，你与年轻的学子一起听曾老师讲古希腊爱与美的女神阿芙罗狄蒂与美少年阿多尼斯神的爱情故事，讲反抗罗马统治的青年基督徒瓦伦泰因在给心上人写了情书后，坦然走向刑场的故事，你能不感到"当学生们在语言的世界里领略唯有人类才拥有的美好感情，那语言的魅力，那情感的圣洁不是潜移默化地渗入了他们的心田"？你一定会像曾老师那样想到，"我们在倾听心灵真实的声音，而无须回避也无须讳饰""为什么我们不能以美好的心态来对待孩子们呢？"……当你听着曾老师的娓娓倾诉："与其说我陪伴学生们度过了人生的重要阶段，不如说是他们使我领悟了生存的价值，从而使我对生命产生了一种深刻的体验，"大概你也会像曾老师那样，因此"愈加理解教育的真谛，愈加因自己的生命能为之奉献而欢欣"……曾老师的教学实践，以及她的这本总结式的书，在我们面前，展现的是一个多么广阔、自由的教育天地，又引发我们的缕缕情思，无尽遐想……

而且，你还会发现，在你的周围，就有这样的"曾老师"，同样充满了对教育、对孩子无私的爱，同样进行着创造性的教育试验。其实你自己内心深处又何尝没有类似曾老师这样的创造欲求？是的，目前"曾老师"们在教师的总数中，比例还不算大，但正像我经常说的那样，中国的人口多，教师队伍也相当庞大，"曾老师"的绝对数量还是相当可观的。分散的有志于中国中小学教育改革的"曾老师"们应该互相了解，互相支持，进行理念与实际经验的交流，在"相濡以沫"中，我们会感到自己并不孤独，还有"真同志"在！而我正是怀着这样的心情，读着曾老师的这本书，写这篇"序言"，呼唤着相识与不相识的"曾老师"。也让我从这里看到一点中国教育的希望之光。

　　本书"后记"的末尾，作者满怀激情地谈到"这本书是幸运的，因为她诞生在世纪之交的年代，带着二十世纪的梦想，跨入新世纪更加辉煌灿烂的生活。她希望自己年轻的生命能给同样充满活力的孩子们带来欢欣和希望，她更希望自己那稚嫩的声音和着春天万物萌发的生命之歌加入新世纪的旋律之中"。

　　也许是年龄的差距，我并没有作者这样的乐观；但我仍愿意和作者以及本书的读者一起，迎着新世纪的曙光，向前走去。

　　（此文为钱理群教授1999年末，为我《爱，你准备好了吗？》一书写的序言。我对此序珍爱如初，且久而弥笃。现征得钱先生同意，作为本书的序言。——本书作者）

一

开　始

告诉我，爱情生长在何方？
是在脑海，还是在心房？
它是怎样发生？它又怎样成长？
回答我，回答我。

——莎士比亚

1 久违那怯怯的可爱

一张请帖，来自北京，沈春格。

银色浮雕式印花，相依的男女，目视远方。

请帖上，有她写的几行字。

亲爱的曾老师：

我和他，相伴二十五年，即将迎来银婚纪念日。

三十年前，是您，把爱情阳光带入课堂。

现在，与您分享我们的幸福。

祝福我们吧，亲爱的老师！

爱您的小鸽子

哦，"小鸽子"，这还是我给她起的昵称呢。记忆中，她美丽活泼。乌亮的眸子，浓密的睫毛，梳着两条小辫子，笑起来，"咯咯咯"的，课间，走廊里，都会听到她清脆的笑声。

当年这个可爱的小姑娘，后来遇到一个爱她的，她也爱的小伙子，他们组成了幸福的家庭，有了一个美丽的女儿。

灿烂的夏天，有一个美丽的日子，是他们的结婚纪念日。当年的小姑娘和小伙子，今年，将在这个爱情见证的日子里，相携步入银婚的殿堂！

这样的快乐消息，是让人幸福的。

而这幸福，于我，还有另外的特别的意义——请帖中提到的那堂课。

三十年了，她还记得那时我给他们上的爱情教育课！人的记忆总是带有选择性的，她能够记住中学时曾上过的一堂课，我想，一定是这堂爱情教育课走进她心里了。

一粒小小的种子落入心间，爱情观念的幼芽萌发出来，日渐成长。三十年后，她让我看到，她的爱情花朵绽放得如此美丽。

　　小鸽子，可爱的小鸽子，我像是回到了当年，又听到了她"咯咯咯"的笑声，又看到了那群可爱的学生，那间欢乐的教室，那些青春的可爱……

　　午饭时间，往往是一天里最快乐的时光，几个带饭的女孩子，围坐在教室里，互相分享着饭菜，交流着最新的见闻。

　　她们沉浸在快乐中，完全没有注意到，坐在不远处独自闷头吃饭的男生向她们投来不满的目光，这是一个从不跟女生搭腔的男生。

　　咯咯咯，呵呵呵，哈哈哈……这天，笑声又在午饭时间开始了。

　　"你们干啥啊？"一声断喝！

　　笑声戛然而止。

　　"女生有你们这样的吗？有你们这样的吗？"他声严色厉地大声呵斥。

　　从来不和女生搭腔的他，突然以这样的方式出现了，女生们先愣了一下，随即笑了起来，边笑边说："我们就这样，咋了？愿意，咋了？就这样，就这样……"

　　他气哼哼地走了。

　　第二天中午。几个女生依然在一起聊啊，笑啊。

　　"啪"的一声，一本书甩到了她们的桌上，抬头一看，他已扬长而去。

　　再看书名：《女儿经》。还真没看过这书，哦，还有些年头了，明代的。急忙打开看，结果，没看几行，她们就已经笑得前仰后合了。

　　他回来了，目不斜视，径直朝自己座位走去。几个女生大声朗读起来：女儿经，仔细听，早早起，出闺门，烧茶汤，敬双亲，勤梳洗，爱干净，学针线，莫懒身，父母骂，莫作声，……凡笑语，莫高声。读到这里，她们实在忍不住了，大声笑起来。

　　当年的这些孩子，男生和女生沟通的方式，就是这么不可思议。也许，这是封闭环境下才会有的"幽默"故事？

记得，那个年代的他们，青春的情愫，是怯怯的，悄悄的……单纯而内敛。

耳畔，又响起笑声，两个人的笑声，一个男声，一个女声。

班里活动结束，天色已晚。

我让男生负责将女生送回家。

他对她说，我送你。两家住得不远，顺路。她就红着脸答应了。

当得知他骑自行车，她犹豫了，因为她没骑自行车，总不能让他推着车陪自己走回家吧。看到了她的犹豫，他说，没事儿，我骑车带你。她问，你会带人吗？他说，会。

他跨上了车，她紧跟几步，跳上了车后座，结果，她刚跳上去，两人就连人带车摔倒了。他站起身，显得有些狼狈，连说"对不起"。她笑着说，是我上车太猛了吧。他忙说，也许是吧，那你慢点上。他又跨上了车，她紧跟着跑了好几步，尽量放轻动作，但还是连人带车摔倒了。他似乎有些窘，但却还是坚持要再试一试，但，依然不成功……他俩一次次地摔倒，却又一次次地尝试，伴着一次次的失败，是一直不停的笑声。后来，她开始意识到，他根本不会骑车带人，就对他说，算了吧，看来我这上车技术太差，一时半会儿提高不了，你还是自己骑车回去吧。他说，那怎么行，老师交代了，要把你送到家的。因为他的坚持，她就只好让他推着自行车，两人一起走回家。

一路上，他们没怎么说话，她不知道说什么，他大概也是这样吧。

他们就这么走着，但她心里开始有了一种说不清的微妙感觉，他不再是那个平时和她一起学习的男同学，而是一个挺好的，有责任又有点小坚持的男生。他的责任感，他的坚持，让她觉得他挺好挺可亲。这朦朦胧胧的好感，还让她隐隐觉得，他的责任和坚持，似乎，并不只是要完成老师交给的任务那么简单。

而他，虽然出尽洋相，但心里很开心，终于，和自己偷偷喜欢的女生，有了一次相伴而行的机会，近距离地听她说话，听她笑。真是，太好了！

哦，我亲爱的学生，他们的可爱故事，说也说不完的。想起来，就不由心生欢喜。

他们，像在轻轻地、慢慢地、小心地推开一扇门，带着些好奇，带着些紧张……他们并不急于推开门，一头撞进门外的风景。于是，他们感受到了一个美好的过程，情感的细节浮出清晰的线条和色彩，就像电影里的慢镜头，哦，青春的情愫，原来可以如此的美妙。

而我三十年前的爱情教育第一课，就在这样美妙的背景中出现了。

2 苹果树下的梦

这是哪儿？

似曾来过，可又觉得很陌生。

小路，木屋，栅栏……

金色的麦田，绿色的果园，苍茫的远山……

秋日的晚霞，抹着天空，一幅广阔的背景，衬着小小的村落。

瞧，美丽的仙鹤飞来了！它们一群群，向着温暖的远方飞去。

"仙鹤仿佛不是飞向南方，而是去我童年小山坡……回忆那天课堂一阵沉默，窗外白色鹤群又飘过，也许鹤群给了我们希望。"一首优美的俄罗斯歌曲，飘来。

校园，老师，学生——电影的画面，还是文学的想象？

"可我站着，就像送别朋友，挥动手臂还依依不舍……"心随着歌儿，一起哼唱。

仙鹤们远去了，它们，是去那童年的小山坡吗？

一个小男孩脚步匆匆地从我身边走过，一股淡淡的花香，哦，他手里拿着一个美丽的花环。

"娜塔莎，娜塔莎！"他快乐地高声喊着。

一个金发红裙的小女孩笑着跑来。

"好看吗？"男孩举着花环晃动着。

"好看！"

"来，戴上，"男孩说着，把花环戴到女孩的头上，"娜塔莎，你戴上可真漂亮！"

女孩高兴地两手提着裙子，转了几圈。

"我还有东西给你。"男孩从口袋里掏出几块糖果。

"啊，糖果，好吃的糖果！"

"娜塔莎，以后我要开间糖果店，让你天天吃糖果……"男孩的话还没说完，就听见有人喊，"瓦西里，瓦西里……"

"哦，奶奶在叫我。明天见！"男孩说完，一溜烟儿跑了。女孩也不见了。

周围，怎么都是苹果树了呀？

繁茂的枝叶，累累的果实。叶隙间有几点光亮，那是窗户里透出的灯光。原来苹果园里有间小屋。

这里还有人家？

走过去，那屋前有棵很大很大的苹果树。树下，一位老奶奶搂着一个小男孩儿，他们正在说话。

静谧的傍晚，苹果园里祖孙俩的对话，好清晰。

"奶奶，有件事情要告诉您。"

"宝贝儿，什么事儿啊？"

"我要娶娜塔莎。"

"你要娶娜塔莎？"

"是的，奶奶。我想，我是爱上她了。"

"你确定吗？"

"当然确定。"

"宝贝儿，你要娶她，还说你爱上了她。可是，你知道什么是爱情吗？"

"爱情？我喜欢她，不就是爱情吗？"

"爱情可不只是喜欢那么简单哦。"

"嗯？奶奶，那您说，什么是爱情啊？"

……

"笃"，一只苹果掉了下来，红红的，好漂亮的苹果！

咦，苹果树下的祖孙俩不见了，我的一群学生不知从哪儿冒了出来。

"苹果落到地上，是因为地球万有引力的作用！"一个学生拾起地上的苹果说。

"地球引力是对成熟的苹果而言，要是青苹果落到地上的话，那就是爱情引力了！"另一个学生说。

"哈哈……"大家笑了起来。

树上的苹果纷纷落下。

学生们都不见了，只有满地的青苹果。

啊？……

原来，是个梦！

怎么做了这样一个可爱的梦？

苹果树，祖母，男孩，爱情……

哦，和我读的一封信有关，那是苏联教育家苏霍姆林斯基写给女儿的一封信，信里谈的是"什么是爱情"。

突然意识到，这是一个多好的教育契机啊！我可以从父亲和女儿谈爱情的这封信，开始我"准备"已久的"爱情教育"的行程。

这个准备已久的行程，始于我的大学时代。对青春期学生的性心理和情感教育的研究，对教育家们的经典著述近似痴迷的研读，以及教育实践、教育思考，都是我为此次行程所做的"准备"。

凡事开头难，如何起步？

就在我思而未果的时候，这封信，这个梦，给了我一个决定性的提示。

可以开始了，这一准备已久的行程。

我，出发了！

在三十年前的一个春日，从那棵苹果树下。

开始了我的"梦之旅"——

一个教育梦，爱情教育梦。

3 一封信的开启

1985年4月22日。

在二楼的高一（二）班教室，我给学生们上了一堂爱情教育课：苏霍姆林斯基《给女儿的信》。

那时的中学校园，青春情感是禁忌的话题。学生的"早恋"被视为违纪，属严加监管之列。在这样的背景下，"爱情"，属于不可言说的情感。校园里，可以说亲情、友情，唯独不可说爱情。

但我还是要和孩子们谈谈爱情，开始我的"爱情教育"。不为别的，只为了孩子们的当下和未来。"爱，就是成为一个人"，费尔巴哈的话昭示了爱情教育的意义，还有比这更重要的吗？

为了不受"阻挠"，为了不发生"意外"，围绕这堂课的所有准备工作，我都只能暗中进行。备课在家里，这还好说，可有些事情是必须在学校做的，如印刷材料所要做的刻钢板、油印，那就只好等办公室的老师们都下了班，我再一个人"偷偷摸摸"地做。

一切准备就绪，自己竟也期待起这堂课了。

预备铃响了。我从办公桌锁着的抽屉里，拿出印好的材料，难抑心中的急切，快步向教室走去。哈，终于，"谋划"已久的课要开讲了！

刚进教室，发现学生们的表情有些异样，扫视了一下，发现教室后面多了一排人，校长、主任都在列。校长听课不打招呼，我是习惯了的，可为什么偏偏是今天，而且还带了很多人来？心里很是懊恼，原本只属于我和学生的一堂美好的课，竟这样被人闯入。

"改上语文书上的课吧"，一个闪念冒出，但很快就被心里的一个声音顶了回去，"上自己的课！"我的性格，瞬间决定了这堂课的命运。

无视教室后面的那一排人，我按自己的备课计划，开始上课。

"一个十四岁的女孩问自己的父亲，'什么是爱情？'你们设想一下，她父亲会怎么回答？"我问。

　　问题提了出来，没有回应，教室里一片寂静。给学生一点儿思考的时间吧，我心想，毕竟，现实生活与这个问题有距离，他们需要想象，还需要角色转换，当然，也不排除后面坐着的一排人给他们的心理压力。

　　我微笑着，等待他们的回应。

　　有一个学生举手了，随后，又有几个学生相继举手。

　　提出的问题，有了回应。

　　"小小年纪，想什么爱情！"

　　"古人云，'书中自有黄金屋，书中自有颜如玉。'先把书读好了。"

　　"你少琢磨这事儿，现在是你想这事儿的时候吗？"

　　"咋了，你是不是有情况了？告诉你，你要是早恋，看我怎么收拾你！"

　　"什么是爱情？爱情就是两情相悦。"

　　"童话里不是有吗？王子与公主幸福地生活在一起了，这就是爱情，爱情就是幸福。"

　　"爱情嘛"，有个学生手捧字典一板一眼地说，"爱情是成熟男女相互爱慕的一种情感，是一种涉及许多学问的复杂感情，不是一两句话可以说清楚的。"

　　……

　　他们的回答，可谓五花八门，大都带着调侃的味道，还有稍显夸张的语调和表情。教室里，也因此不时地荡起欢乐的笑声，气氛随之轻松起来。

　　在他们回答之后，我说："有一位父亲，教育家父亲，他对女儿提出的'什么是爱情'的问题，郑重地用书信的方式做了回答。你们一定很感兴趣，这是一封怎样的信呢？这位父亲会说些什么呢？——下面，我来给你们朗读这封父亲写给女儿的信，听听他是怎么回答'什么是爱情'这个问题的。"

　　随着朗读的开始，这堂课"渐入佳境"。

　　我和学生们一起，沿着文字的路径，去到那棵苹果树下，听教育家父亲苏霍姆林斯基和他女儿谈爱情。

　　亲爱的女儿，你提出的问题使我忐忑不安。

　　现在你已经十四岁了，已经迈进成为一个女人的年龄时期。你问我："父亲，什么叫爱情？"

　　我的心经常为这种思想而跳动，就是今天我不再是和一个小孩子交谈了。进入这样一个年龄时期，你将是幸福的。然而只有当你是一个明智的人，你才是幸福的。

　　是的，几百万年轻的十四岁少女怀着一颗跳动的心思考着这样一个问题：什么叫爱情？每一个人对它的理解都各不相同。希望成长为男子汉的年轻小伙子也在思考这一问题。亲爱的小女儿，现在我给你写的信不再是过去那样的信了。我内心的愿望是：告诉你要明智地生活，也就是要善于生活。我希望做父亲的每一句话都能像一颗小小的种子，促使你自己的观点和信念的幼芽萌发出来。

　　爱情这个问题也曾同样使我不平静。在童年和少年时代我最亲近的人是祖母玛丽娅，她是一位了不起的人，渗透到我内心的一切美好、明智和真诚的品质都受恩于她。她死于战争前夕。她在我面前打开了童话、本族语言和人性美的世界。有一天，在一个早秋的寂静夜晚，我和她坐在一棵枝叶繁茂的苹果树下，望着空中正在飞往温暖的边远地区的仙鹤，我问祖母："奶奶，什么叫爱情呀？"

　　……

　　信中，苏霍姆林斯基向女儿转述了他儿时听祖母玛丽娅讲的爱情故事：

　　一对男女，从一把铲子，一捧种子，一个小小的窝棚开始，在彼此的相爱过程中，创造共同的生活。一年后，还是那个小小的窝棚，不同的是，原本的荒野，经他们的开垦耕种，有了成熟的庄稼，一片金色的麦田，在阳光蓝天下，预示着丰收在即。不仅如此，家里还多了一个小生命，在摇篮里，那可爱的婴儿，是他们的孩子。日子，一年一年地过去了。五十年后，小小的窝棚不见了，取而代之的是坚实的木屋，还有精心修建的美丽花园，渐已老去的他们，依然幸福地相爱着，厮守在一起，看着儿女们在田间耕作、收获，看着可爱的孙儿们，在草地上快乐地玩耍。再后来，三年后，女人离世了，男人心存无尽的思念，爱在回忆中继续着……

玛丽娅奶奶在故事的讲述中，告诉孙儿，爱情是一种不可思议的美和力量，爱情是忠诚，爱情是不会逝去的永恒。她说："这就是爱情，我的小孙子！……这是人类永恒的美与力量，一代一代地相传。我们每一个人最终都会变成一把骨灰，但是，爱情将成为赋予生命的、永不衰退的、使人类世代相传的纽带。"

信的末尾，苏霍姆林斯基对女儿说："我的小女儿，这就是爱情！世上各种有生命的东西生活、繁殖，成千上万地延续自己的有生命的后代。但是，只有人懂得爱。而且说实在的，只有在他善于像人那样去爱的时候，他才是一个真正的人。如果他不懂得爱，不能提到人性美的高度，那就是说他只是一个能够成为人的人，但是还没有成为真正的人。"

一封信，就这样，以朗读的方式开启了，同时开启的，还有孩子们的心扉，我从他们的眼睛里看到了。年轻的心感动着、向往着，那么真诚、那么美好。

后来，我曾在不同的时间、地点，给不同的学生上这堂课，每次朗读完，教室里都是无一例外的安静，而学生们的神情也无一例外地满是感动。

一封信，一封关于爱情的信，来自异国他乡，写于20世纪中叶，跨越了地域和年代，感动着一批又一批的学生。他们，无论今后的爱情观会有怎样的变化，但此刻的内心感受，是纯洁美好的，这，毋庸置疑。

每每这个时候，我都不忍去破坏这氛围。因为，年轻的心，正沉浸在爱的洗礼中。

不过，课还是要继续下去，而这继续，是为了"此刻"更长久的留驻。

我问："信读完了，我看你们都被感动了。能说说自己的感受吗？"

发言很踊跃。他们几乎都谈到了玛丽娅奶奶讲的爱情故事，那美好、忠诚、永恒……

当然，除了这个故事，他们还谈到作为父亲的苏霍姆林斯基，还有关于教育的问题。

……

学生们放松地谈着，没有任何顾忌，他们已不在意后面坐着的那一排人。

快到下课时间了，大家谈得也差不多了。

我对他们说："什么是爱情？玛丽娅奶奶讲了一个美丽的故事，告诉孙儿，爱情是美好、忠诚、永恒……苏霍姆林斯基讲了一个道理，告诉女儿，爱情是人性的一种美丽，是真正的人才会拥有，还特别谈到，要'懂得'爱，'善于'爱，才能得到真正的爱情，才是一个真正的人。他们以不同的方式，不同的角度回答了'什么是爱情'。这不同的方式和角度都给我们带来对爱情的思考。玛丽娅奶奶用生动的故事，展示爱情的美好。苏霍姆林斯基用说理的方式，道出爱情的意义。爱情的美好让人向往，爱情的意义让人思考。'向往'，是给人以爱的信仰；'思考'，是给人以爱的明智。对爱情，我们不仅要向往，心怀信仰，还要去思考，使自己日渐明智。信仰和明智，两者是缺一不可的。希望你们记住苏霍姆林斯基的话，'只有你是一个明智的人，你才是幸福的'。我祝福你们心存美好，在成长的路上，'懂得'和'善于'爱，寻找到属于自己的美丽爱情！"

学生们用掌声回答了我的祝福。

最后，我问他们："你们能用信里的一句话，说出我对今天这堂课的期待吗？"

他们反应很快，七嘴八舌地喊出同一句话："像一粒小小的种子！"

我说："是的，我期待这堂课像一粒小小的种子，日后，萌发出你们自己的观点和信念。"

在美好的期待中，这堂课结束了。

那天，一个初春的日子里，在二楼的那间教室，面对意外的"闯入者"，我上了自己教学生涯中的第一堂爱情教育课。下课后，内心有兴奋，也有不安，不知等待我的将是什么。

下午。学校的一间教室，课桌拼成的临时会议桌，前来开会的人围坐一起，他们都是上午的听课者。经校长介绍，才知道前来听课的人里，有几位是省市教育方面的主管领导。

我心里已经做好了充分的思想准备，既想到了被全盘否定的最坏结果，也想到了必要时的"据理力争"。不料，最先听到的一句评价是"曾老师的这堂课上得很好啊！"说话人是省教育学院学科负责人张翼健老师。

担心的暴风雨没有降临。

我的爱情教育幸运地遇到了一位有见识的学者。

这对当时的我，一位年轻教师来说，是多么重要啊！

一晃，三十年了！

这些年里，我曾给一批又一批的学生朗读苏霍姆林斯基《给女儿的信》。在局促的教室里读，在宽阔的礼堂里读，在校园的草坪上读，在蓝天白云下的海边读……记不清带多少学生去到那棵苹果树下，但却清晰地记得学生们眼里闪动的晶莹。

二

那　朵

　　如果有人钟爱着一朵独一无二的盛开在浩瀚星海里的花，那么，当他抬头仰望繁星时，便会心满意足。他会告诉自己："我心爱的花在那里，在那颗遥远的星星上。"

——《小王子》

1 玫瑰的向往

好多年过去了，情人节的那堂语文课，至今想起，心里都是满满的快乐！

哈，我的那些可爱学生，总会制造一些出乎我意料的事情，让我惊喜。

我惊呆了，在迈进教室的瞬间。

玫瑰，红红的玫瑰，在每一张课桌上绽放着！

猛地想到，今天是情人节。

情人节，这个西方人的节日，不知何时开始，成了中国人的时尚，更没有想到，孩子们也享受起这个节日。

我脸上掠过的惊诧，未能躲过他们的眼睛。教室里有了些许的骚动，有的互递眼色，有的窃窃私语，有的左顾右盼，有的似乎在等待什么。——看来，他们给我这新任不久的班主任精心准备了一份情人节"礼物"啊！

"哦，你们用这么美丽的玫瑰花来装点这节语文课，我真有点受宠若惊了。"我笑呵呵地说。

显然，我的话出乎他们的意料，教室里出现了瞬时的安静。

我走下讲台，从学生的课桌上拿起一枝玫瑰："好漂亮的红玫瑰呀！"我一边欣赏着手中的玫瑰，一边由衷地赞叹着，"你们在一个非常的日子，选择了一种有特定意义的花，放置于一个特殊的场合，给我出了一道即兴的教育话题。是不是啊？"学生们听了我这一口气说出来的话，都笑了，教室里的气氛一下子轻松了。

"这美丽的红玫瑰，有一个很浪漫的传说，你们知道吗？"

学生们纷纷摇头。

"看过《希腊的神话与传说》的同学应该记得的呀。在这本书里，就有一个关于红玫瑰的美丽神话故事。在古希腊，一位爱与美的女神阿芙罗狄蒂爱上了美少年阿多尼斯神。有一天，阿多尼斯出外打猎被野猪咬伤，阿芙罗狄蒂闻讯后，急忙赶来，当她奔向奄奄一息的阿多尼斯时，却在匆忙中不小心一脚踩在白玫瑰上，白玫瑰刺把女神的脚刺伤了，殷红的鲜血滴落在泥土上。后来，在女神鲜血滴落的地方，长出了一丛丛鲜红欲滴的美丽的红玫瑰。源于这个古老的神话传说，后来的西方人便开始用红色的玫瑰来象征爱情。当然，那是西方的神话演绎的关于红玫瑰的故事。其实，不同的民族有不同的象征爱情的花卉。比如在我们中国的传统中，是以红梅、凤仙、红莲、红牡丹等象征爱情。而用红色的玫瑰来表达爱情，在中国是近代的事了，这应该是受了西方文化的影响吧。"

讲到这里，见学生们都很认真地在听，那何不顺便将情人节有关的故事告诉他们呢？

"今天是西方人的情人节。你们知道这个节日的来历吗？相传这个节日源自英国。公元270年，一个名叫瓦伦泰因的年轻基督徒，因为反抗罗马统治者的专制而遭到逮捕。狱中，他和监狱长的女儿发生了恋情，随着刑期的临近，和自己心爱姑娘诀别的日子也迫近了，就在2月14日临刑之前，他给自己的心上人写了一封情书，述说了自己的情怀，之后便昂首走上了刑场。后来，基督教徒们为了纪念这位为自由而献出生命的年轻人，把2月14日这一天定为情人节。这是西方人的情人节，其实，我们中国也有自己的情人节，有说是元宵节，有说是七夕节。虽说传统上并没有将其冠名为'情人节'，因为'情人节'的说法毕竟是舶来品，但借用一下'情人节'的说法也未尝不可吧。事实上，当今的人们已经约定俗成地将这两个节日视作中国情人节了。你们知道这两个节日是怎么和爱情有了关联呢？"

学生们的表情告诉我，他们不知道。看来，还是由我继续说吧。

"元宵节的来历，和爱情无关，但元宵节的赏花灯活动，使这个节日和爱情有了关联。在那男女授受不亲的封建时代，平日里女孩子是不能自由外出的，也没有和异性认识和交往的机会，只有过节的时候，才允许女孩子结伴出去游玩，这样，元宵节灯会就为男女结识提供了条件，使他们可以趁着赏花灯的机会，寻找心仪的人，与喜欢的人相会。而七夕节的来历倒是和爱情相关。它来自一个美丽浪漫的爱情传说《牛郎织女》。因为这个故事，夜空中有两颗星星分别被命名为'牛郎''织女'，于是就有了'七月七日牛郎织女会天河'这样的浪漫想象。之后延伸出七夕夜观星，七夕日乞巧，少女们拜月祈愿以求天赐良缘等习俗。说了这些，是希望你们在接受西方文化的同时，了解我们的传统文化中也有浪漫的爱情节日。"

　　说到这儿，我举起了手中的那枝玫瑰，对他们说："玫瑰的花很美，不过，玫瑰的枝条上有刺，拿的时候要小心喔！"

　　学生们会意地笑了。

　　下午自习课，我像往常一样去教室巡视，发现讲台桌上有一束红色的玫瑰，下面压着一张纸条，打开一看，是写给我的：

曾老师：

　　您是一位不同寻常的老师。我们原以为的暴风雨没有出现。

　　如果说以前我们还远远地观察着您，提防着您，那么今天我们却主动向您走来，您富有幽默感的短短几句话，您讲述的关于玫瑰的神话传说，还有您蕴含深意的友善的告诫，让我们感受到了您的宽厚，您的智慧，您的胸怀。

　　这束玫瑰花送给您，祝您永远年轻美丽！

　　　　　　　　　　　　　　　　　　　　您的学生

　　我感动了……

　　不想打扰专心学习的孩子们，我捧起这束美丽的玫瑰，脚步轻轻地走出了教室。

后来得知，那些玫瑰花是班里的男生送给女生的。在一个送玫瑰的节日里，他们只是以这种方式表达一份青春情感而已。

无须探究他们送花的目的，毕竟，那是一份美好。其实，年轻的心即使心怀爱意，又有什么不可以呢？

谁没有年轻过？谁在那个年龄没有过心动，没有过小秘密呢？

意外的玫瑰插曲，给情人节的这堂语文课，带来了有关爱情的神话和传说，还有情人节的来历，这些来自爱情向往的文学想象，文化习俗，不都很美好吗？

其实，爱情在他们孩提时所读的童话里就有了呀！海的女儿，白雪公主，青蛙王子……

还有，可爱的，来自星星的小王子，"她是我的玫瑰！"他那朵玫瑰，还真的是独一无二哦。

对吗？

2 星星上的那朵

喜欢星空的夜晚吗？

静静地遥望，闪闪烁烁的星星，美丽而神秘，给人以无限遐想。

这时候，我总会想起一颗很小很小的星星B16星球，那里住着小王子，还有属于他的一朵玫瑰。

当然，我根本无法从众多的星星中辨识出它，但我深信它的存在，深信夜空美丽的星光中有它的闪烁。——这信念，我从未有过改变。

心里装着小王子的故事，看星空的心情是不一样的。不经意间，耳边会响起一个稚气的声音"她是我的玫瑰"，眼前会出现一头金色卷发的小男孩。

小王子，那是小王子！

算起来，小王子那次来地球，距今已有七十几年了。那时见到过他的地球人，都已年迈，老态龙钟了，可这么多年来，小王子却一直没变，他还是当年来地球时的模样。这或许是爱情的滋养，或许是他所在的星球是生命长青的。

我一直固执地认为，小王子当年来地球是身负使命的，他是来传播爱情信仰的，否则，他何以从遥远星球来到我们这里呢？何以将他和玫瑰的故事告诉了我们呢？又何以把那个智慧的小狐狸介绍给大家呢？……

哈，一说到小狐狸，你一定就会想起那"爱的秘密"。

小王子正走在路上，跑来了一只小狐狸，于是，他们就认识了。交谈中，小王子告诉小狐狸，在他居住的星球上，有一朵属于他自己的玫瑰，他曾一直以为，这朵玫瑰是独一无二的，可是，来到了地球，他看到了一个玫瑰园，里面有好多好多的玫瑰，不免有些伤感：原来，自己的玫瑰不是唯一的。听他这么讲，小狐狸就建议他再去一趟玫瑰园，并对他说："你再去看看那些玫瑰花吧。你一定会明白，你的那朵是世界上独一无二的玫瑰。"它还告诉小王子，等他从玫瑰园回来，会送给他一个秘密。

于是，小王子又去了玫瑰园。面对那些看起来很美的玫瑰，他想起自己的那朵玫瑰，想起自己为玫瑰"浇灌""挡风""除虫"……还有，倾听玫瑰的心声，甚至包括，感受玫瑰的沉默。想到这些，他的心情不再沮丧。

玫瑰园里有那么多玫瑰，上千朵，它们风姿各异，真会让人眼花缭乱呢。可是，小王子的心没有迷乱，他觉得，属于自己的那朵玫瑰才是最美的，他还明白了，自己的那朵玫瑰确实是"独一无二"的。因为，"她是我的玫瑰"，而"我的玫瑰"怎么会和其他玫瑰一样呢？

多聪明的小狐狸啊！它让小王子去玫瑰园的目的，达到了。

随后，小狐狸送给小王子一个"秘密"：爱的秘密。

它告诉小王子："只有用心才能看得清。实质性的东西，用眼睛是看不见的。""正因为你为你的玫瑰花费了时间，这才使你的玫瑰变得如此重要。""你现在要对你做的一切负责到底。你要对你的玫瑰负责……"

这就是小狐狸说的"爱的秘密"：用心去看，去付出，去负责。

小王子把这个秘密认认真真地记在心里了。

还记得小王子和飞行员在沙漠中找水吗？

我曾经一次次地，想象这场景：

夜晚。

月光下，沙漠的褶皱，呈现着层叠起伏的光影，宏大至美。

远远地，走来两人。近了，哦，是小王子和飞行员。长途跋涉的他们，疲惫，饥渴。在一个沙丘上，坐了下来。一时，沉默无语。他们实在是太累了。

过了好一会儿，小王子扬起头，眺望起夜空的星星，他的眼里，闪出晶莹的爱。

"星星是很美的，因为有一朵人们看不到的花……"小王子说。

"当然。"飞行员回应着，眼睛却仍然看着他喜欢的沙漠。

"沙漠是美的。"小王子说。

"是的。"飞行员表示了认同。虽然，坐在沙丘上，什么也看不到，什么也听不见，空旷，寂寥，但他却觉得，在无垠的沙漠中，有一种说不出的东西在默默地放着光芒，让这空寂的沙漠，有了生机。

"使沙漠更加美的，就是在某个角落里，藏着一口井……"小王子又说。

这句话，触动了飞行员，他突然明白，为什么眼前的沙漠美得让人陶醉，这不仅仅是因为月亮光耀啊。他想起了一座古老的房子，自己还是小孩时住的房子。人们传说，这房子里藏着宝贝，可却一直没有人发现，当然，也可能根本没有人去寻找。但这房子却因此而有了魔力，因为，这里藏着一个秘密，一个关于埋藏着宝贝的秘密。

他不禁感叹道："是啊，无论是房子，星星，或是沙漠，使它们美丽的东西是看不见的！"

这让小王子兴奋不已，"我真高兴，你和小狐狸的看法一样，'实质性的东西，用眼睛是看不见的'"。

飞行员和小狐狸的话不谋而合：使事物美丽的内在，要用心去看，而不是用眼睛。

走了太多的路，实在是太累了，小王子睡着了。

飞行员看着熟睡中的小王子，那嘴角微微的笑，让他心生感动。想起小王子刚才说的话，也许，他在梦里还想着自己的那朵玫瑰。一如既往的爱，这就是爱的忠诚吧！他似乎看到，小王子即使在睡着了的时候，那朵玫瑰也像一盏灯的火焰一样在他身上闪动着光……

是啊，小王子有多爱他的玫瑰呀，在他心里，星星上有一朵属于自己的玫瑰，这颗星星也美丽起来了。爱，让一切都变得美丽了！

爱是有感染力的，飞行员也悟到了：星星的美丽，是因为那朵可爱的玫瑰；沙漠的美丽，是因为那角落里的一口井；房子的美丽，是因为那里面藏着宝贝。

小狐狸说的话，在此，又一次被认同：最重要的东西，用眼睛是看不见的，只有用心去看。

一个美丽的黎明，他们终于发现了一口水井！

简直，像在做梦。

奇怪的是，这不是沙漠中像深洞一样简陋的水井，而是村庄里人们使用的、配有辘轳、井绳、水桶的水井，而周围却没有村庄，也没有一个村民。

小王子很好奇，这还从来没见过呢。他碰碰绳子，弄弄辘轳，快乐地喊起来："听啊，我们叫醒了这口井，它歌唱起来了！"

可他太小了，哪有力气打水，还是飞行员把水打了上来。

喝着甘甜的水，聊着天，几天来的疲劳饥渴消失了，他们感到了舒适和愉快。

自然而然地，两人又聊到了玫瑰，聊到了水，聊到了用心寻找。

沙漠，水井……

飞行员明白了小王子最终要寻找的是什么。

不是井，不是水。而是经历辛苦、付出努力而得到自己想找的东西之后的那种幸福感。

寻找，"用心"去寻找，才有这样的幸福感。小王子再一次地提到小狐狸送给自己的爱的秘密：用心。

才认识几天的他们，已经像好朋友一样畅谈起来了。

可他们却面临别离，小王子要回自己的星球上去了。

他们分别前的那番对话，实在很诗意，你还记得吗？

"这就像花一样。如果你爱上了一朵生长在一颗星星上的花，那么夜间，你看着天空就感到甜蜜愉快。所有的星星上都好像开着花了。"小王子说。

"当然……"飞行员答道。

"这也就像水一样，由于那辘轳和绳子的缘故，你给我喝的井水就像音乐一样沁入心里……"

"当然……"

"夜晚，你抬头望着星星，我的那颗太小了，我无法给你指出我的那颗星星是在哪里。这样倒更好。你可以认为我的那颗星星就在这些星星之中。那么，所有的星星，你都会喜欢看的……这些星星都将成为你的朋友。而且，我还要给你一件礼物……"

说到这里，小王子呵呵地笑了起来。

"啊！小家伙，小家伙，我喜欢听你这笑声！"

"这就是我要给你的礼物……就像你把水送给我一样。"

"哦，你说的意思是？"

"人们眼里的星星并不都一样。对旅行的人来说，星星是向导。对别的人来说，星星只是些小亮光。对另外一些学者来说，星星就是他们探讨的学问。对我所遇见的那个实业家来说，星星是金钱。但是，所有这些星星都不会说话。你呢，你的那些星星将是任何人都不曾有过的……"

"你说的是什么？"

"夜晚，当你望着天空的时候，既然我就住在其中一颗星星上，既然我在其中一颗星星上笑着，那么对你来说，就好像所有的星星都在笑，那么你将看到的星星就是会笑的星星！"

小王子又笑了起来，"那么，在你得到了安慰之后，你就会因为认识了我而感到高兴。你将永远是我的朋友。你就会想要同我一起笑。有时，你会为了快乐而不知不觉地打开窗户。你的朋友们会奇怪地看着你笑着仰望天空。那时，你就可以对他们说：'是的，星星总是引我欢笑！'他们会以为你发疯了。我的恶作剧将使你难堪……这就好像我并没有给你星星，而是给你一大堆会笑出声来的小铃铛……"

临别时，小王子送给飞行员的礼物是笑声。当然，他不只是送给了飞行员，也送给了所有听他故事的人。

于是，夜幕降临，当你推开窗户，望着天空里的星星，想象小王子在群星中笑着，你也会笑起来了吧，那你也拥有了一大堆会笑出声的小铃铛了。

你也一定会在心里想，小王子星球上的那朵玫瑰，一定很美很美，他们的生活也一定很美很美。

"如果有人钟爱着一朵独一无二的盛开在浩瀚星海里的花，那么，当他抬头仰望繁星时，便会心满意足。他会告诉自己：'我心爱的花在那里，在那颗遥远的星星上。'"圣埃克苏佩写在《小王子》里的这句话，还真是意味深远呢。

你说呢？

3 多情似流水

一对年过九旬、白发苍苍的夫妇对坐在桌前，两杯刚刚沏好的茶，摆在桌上。他们默契地端起各自的茶杯，与对方碰杯，同时，相视而笑，彼此的目光里，闪动着孩童的俏皮，随后，他们缓缓地将茶杯移到唇边，轻轻地抿上一口，心满意足地品着……

九平方米的小书屋，一张桌子，两把椅子，每天，两个人在这里，红茶咖啡，举杯齐眉。

已到暮年，他们彼此的爱依然青春，虽然，不再是那年轻时的怦然心动，却有平静中无言的默契。

恋爱八年，结婚七十年，七十八年间，他们一起经历了战乱、运动、动乱，颠沛流离多年，也曾天各一方……他们以彼此的深爱，履行了爱情誓言。

这两位可爱的老人是谁？

他们就是周有光先生和张允和女士。

当你用拼音识字、打字的时候，有没有想到其缔造者呢？作为中国的语言文字专家，周有光先生是汉语拼音的缔造者之一。

张允和是中国第一代女大学生，她身兼多职：编辑、教师、作家、主妇，并在昆曲研究领域有着很深的造诣。

那一年，秋日的黄昏，他们定情吴淞江边，从此携手人生七十八年。

周有光先生谈起他们的爱情，曾这样说："我和张允和的恋爱是流水式的。"

不愧是大家，即使是对爱情的表述，也在形象诗意中，深含哲理。

提到流水，总会让人想到山涧的潺潺流水，小河的涓涓细流……源远流长!

可要细细说来，其中亦有学问。

先从水说起吧。沈从文先生曾这样讲过："水的德性为兼容并包，从不排斥拒绝不同方式侵入生命的任何离奇不经事物，却也从不受它的影响。水的性格似乎特别脆弱，极容易就范。其实，柔弱中有强韧，如集中一点，即涓涓溪流，滴水穿石，却无坚不摧。"看来，水是"兼容并包"却能洁身自好，看似柔弱却能强韧穿石。

而同样是水，流动的水，如河流、溪涧；不流动的水，如池水、潭水，两者又相差甚远。不流动的水，有"一潭死水"之说；流动的水，则有"流水不腐"之讲。"死水"，因其不动，水中的元素会沉积、腐烂至败坏；而流水，因其动，会为水中的组成成分或添加或去除，呈现为新陈代谢的生命状态。

不仅如此。流水，是有着生命活力的流淌，不间断，一路奔去，既能将沿途风景尽收眼底，又能在遭遇礁石险滩时毅然冲过，不负前行的使命。

流水式爱情呢！

周有光和张允和的爱情，不是几年，不是十几年，不是二三十年，而是近八十年的爱情。直至张允和于2002年以九十三岁高龄离世，这爱情也没有停止流动。现已一百一十岁的周有光先生，至今还沉浸在他和张允和的爱恋里。什么是永恒，这就是！他们的爱情，如潺潺流水，为着一个目标，不停歇地，从容而坚定地流向永恒。

流水式！唯有真正体验了如此爱情的人，才会悟出爱情永恒的定律：流水式。

关于爱情，晚年的张允和常说：多情人不老，多情到老人更好。

周有光先生曾这样回忆道：

结婚前，我写信告诉她，我很穷，恐怕不能给你幸福。她说幸福要自己求得，女人要独立，女人不依靠男人。她当时的思想也比较开明。……她婚后主要还是教书。她写文章有天然的才气。当年报纸请她编副刊，她有一篇传播得比较广——《女人不是花》，因为那时女的工作还是很少，机关里面有一个女职员就叫作"花瓶"。编副刊是她的副业，她把写文章当成一种兴趣。

别人都说我们结婚七十多年来没有吵架，就因为我们的亲戚经常向我们的保姆询问此事。其实我们也有吵架，不过我们吵架不会高声谩骂，不会让保姆听到的，也没有闹几个小时的，一般是三两句话就吵完了，还有一点，我们吵架通常不是为了两个人的问题，而是因为其他人的问题。的确，我们的婚姻生活是很和谐的。到了北京，一直到我老伴去世，我们每天上午十点钟喝茶，有的时候也喝咖啡，吃一点小点心。喝茶的时候，我们两个"举杯齐眉"，这当然是有一点好玩，但更是双方互相敬重的一种表达。下午三四点钟，我们又喝茶，又"举杯齐眉"。

怀春动情的年岁恰逢社会提倡自由恋爱，两颗萌动的心应着合拍的节奏，开始了对幸福的追求。初始，周有光和张允和读书不在一地，分多聚少，鸿雁传书，寒暑假相会，之后两人读书工作都到了杭州，便有了同城相处的机缘。婚后，同去日本留学，张允和怀孕，他们便又回到上海。结婚周年的纪念日，儿子降生。次年，又喜得女儿。幸福安稳的生活因战乱戛然而止，他们携老带幼，辗转避难于重庆。期间，年仅6岁的女儿因病夭折。带着丧女之痛，他们迁往成都，儿子却路遇流弹，幸得及时抢救，保住性命。此后，他们在成都过了段相对稳定的生活。

抗战结束后，两人前往美国留学，1949年初夏，怀报国之心返国回沪。不久，两人调到北京，工作生活也都还好。没想到，"三反五反"运动开始，张允和因家庭出身问题，不得已离职，成了她自己说的"标准的家庭妇女"。"文革"期间，周有光被打成"反动学术权威"，下放宁夏，儿子媳妇也遭发配，下放湖北。张允和一人带着孙女在北京艰难度日。就在那个时候，为了周有光还未治愈的青光眼，她毫不惧怕，据理力争，正是在她的坚持下，才得以按时寄药，使周有光一直没有中断服药。……

不平坦的人生，因坚贞不移的爱情而有了光彩。

张允和在一篇回忆当年爱恋的文章里写道："以后，不是一个人寂寞的走路，而是两个人共同去探索行程。不管是欢乐，还是悲愁，两人一同负担；不管是海浪险波，不管是风吹雨打，都要一同接受人间的苦难，更愿享受人间的和谐的幸福生活！"这是她的爱情宣言，而周有光和她一起履行了这宣言。

"爱情——天作之合，心灵纯洁的联系！当两颗心在倾爱中渐渐老去……尽管失去了火焰，却依然保持着光辉。"法国作家雨果的这段话，以生动的文学语言给爱情做了一个形象的阐释。那是真爱的境界。

4 蓝色的结晶

有一个美妙的夜晚，闪烁着蓝色荧光的夜晚，它给这个世界带来了科学的欣喜，也给人们带来爱的感动。

夜幕降临，辛苦了一天的他们，像往日一样，安顿好孩子，向旧棚屋走去。

到了。推开嘎嘎作响的门，屋里漆黑一片。"不要点灯！"女人轻声叮嘱道。要知道，多少天来，她像一个孩子期盼一件礼物一样，期盼着看到镭的模样，而男人也期盼着，"希望镭有美丽的颜色"。在他们小心地向摆放在墙板和桌子上的那些"宝贝"走去的时候，惊异地看到，装在玻璃容器里的镭，闪烁着荧光，蓝色的荧光，美丽极了，如夜空里眨着神秘眼睛的星星！"看那，看那……"女人对着闪着蓝色荧光的镭，孩子似的急促而快乐地轻声喊起来，按捺不住内心的欣喜，又生怕打扰了这些蓝色的小精灵。男人轻声地回应着："看到了，看到了，亲爱的……"

这两个幸福的人就是居里夫妇：比埃尔·居里和玛丽·居里。他们用三年零九个月的时间，从八吨废沥青铀矿中，提取出仅为0.1克的镭。艰辛的努力，终于有了成果！

而这个美妙的夜晚，又是多么幸运，它见证了镭，这个伟大的科学成果的诞生！它也因此被永远地记入科学的史册。

比埃尔和玛丽，一对伟大的科学家夫妇，也以对科学的执着、共同的追求，写下了优美的爱情篇章。

这对科学家夫妇婚后不久，玛丽对放射性现象产生了很大兴趣，决定进行放射性研究。比埃尔很认同玛丽的决定，他放下自己一直从事的晶体

二
那
朵

研究，协助玛丽的放射性研究。此后，他们便开始了共同的研究工作。

除了从事实验室里的工作，他们也会在闲暇时间里，骑着自行车去郊游，这是他们休息日的经常性活动，到大自然中去享受生活，感受田野的宁静、星空的奇妙……树林里的空地被他们当作简单的餐桌，坐在绿茵茵的草地上，津津有味地吃着一些自己带的食物，晚上，随意地在一个小客店住下，享受乡村生活的淳朴。

当然，这简单朴素的浪漫，也是很多人都乐意享受的。

但是，还有一种浪漫，只属于他们，其他人是无法效法，更难以享受得到的。

居里夫人曾写有这样的回忆：

我们没有钱，没有试验室，而且几乎没有人帮助我们做这件既重要而又困难的工作。这像是要由无中创出有来。假如我过学生生活的几年是卡西密尔·德卢斯基从前说的"我的姨妹一生中的英勇岁月"，那我现在可以毫不夸大地说，目前这个时期是我丈夫和我共同生活中的英勇时期。

……然而我们生活中最好的而且最快乐的几年，还是在这个简单的旧棚屋中度过的，我们把精力完全用在工作上。我常常就在那里安排我们的饭食，以便某种特别重要的工作不至于中断。有时候我整天用和我差不多一般高的铁条，搅动一堆沸腾着的东西。到了晚上，简直是筋疲力尽。

经济窘迫、条件恶劣、筋疲力尽……就是这样的生活，在居里夫人的记忆中，是他们共同生活中最快乐的。相爱的两个人共同经受生活的甘苦，相濡以沫、同舟共济。

他们的共同努力，让人想起《小王子》里的一段话："爱情不是终日彼此对视，爱情是共同瞭望远方。"

当他们终于有了伟大的发现——镭，可以想象，就是1902年的那个夜晚，在那个简陋的棚屋里，是怎样一幕动人的浪漫场景！

1903年，居里夫妇荣获诺贝尔物理学奖，居里夫人成为第一个获得诺贝尔奖的女性。这是他们对人类科学做出贡献所获得的荣誉，也是给予他们爱情最珍贵的礼物。

然而，谁也没有想到，1906年的一个暴雨天，一场突如其来的车祸，夺去了居里的生命。相爱的两个人，从此，阴阳两隔。

悲剧发生后，痛不欲生的居里夫人，开始在一个灰色笔记本上记录那黑暗日子里的内心述说。这是她人生中唯一的一本日记，为她丈夫的离去而写下的日记。

从这本日记里令人心碎的文字里，人们感受到居里夫人对居里的深爱：

……比埃尔，我的比埃尔，你躺在那里，头被包扎着，像一个睡着休息的可怜的受伤人一样的平静。你的脸色很温和而且从容，依然是你，却沉浸于不能再醒来的酣梦中。你的唇，从前我说是贪婪的，现在完全苍白，毫无血色。你的胡须是灰色的。你的头发差不多看不见，因为伤痕正由发际起；额上右边露出碎了的骨头。唉！你受了多大的痛苦！你流了多少血呀！你的衣服都被血浸透了。我常常用手抚摩过的头，它受了多么可怕的打击啊！我吻你的眼皮，记得你总是阖上眼睛，用我熟悉的姿势抬起你的头，让我吻它……

……我们在星期六早晨装殓了你，抬你进棺材的时候，我捧着你的头。我最后一次吻了你那冰冷的脸，然后在棺材里放了一些花园里的长春花，还放了一张我的相片，就是你叫作'很聪明的小学生'而且很喜爱的那一张，这张照片必须陪你进坟墓，因为上面的那个女子感到很幸福的是你喜欢了她，你虽然只见过她几次，就毫不迟疑地请求她与你共同生活。你常对我说，你一生中只这一次做事没有迟疑，完全自信做得对。我的比埃尔，我也相信你没有做错，我们生来就应在一起生活，我们必须结合。

你的棺材已经盖上了，我再也看不见你了。我不许他们用那可怕的黑布罩上它，我用花把它盖起来，并且坐在旁边。

……

居里走了。

他的眼睛永远地闭上了，再也不能和他心爱的玛丽"共同瞭望远方"了。

但，他们爱情的"结晶"——镭，永远地留了下来。至今，还造福于世人。

当人们受益于"镭"的应用时，也许并不知道居里夫妇的伟大爱情，甚至，根本就不知道发现者是谁。但即便如此，他们的爱仍在"镭"的生命中延续，他们对这个世界的爱也在"镭"的生命中温暖着所有受益的人。

居里和居里夫人，这两位科学家的爱情，以科学史上的伟大发现，昭示了其美好和永恒。

爱情，瞭望！

意味着，两个相爱的人，有着共同的向往！

5 如诗的纯粹

遥远的异域，有个璀璨如星的爱情故事。

奇迹般的真实，诗一样的浪漫。

19世纪维多利亚时代的英国。两位著名诗人伊丽莎白·巴莱特和罗伯特·勃朗宁，他们的爱情受人瞩目赞誉，被后人传颂称道。

人们对他们的爱情极尽赞美之辞：世界爱情史的传奇，世界文学史最美的佳话，伟大而深刻的爱……

可以说，这些颂扬都不为过。

他们的爱，让人想起一个词：纯粹。

巴莱特曾写了一首诗《爱我，请只是为了那爱的意念》，诗里表达的爱情理想，就是要爱得纯粹。

爱的情感，不掺杂"爱"以外的成分，才能称之为"纯粹"。

童话里的爱情故事，大都唯美得"纯粹"；现实中的爱情要做到"纯粹"，却是很不容易的。而巴莱特和勃朗宁的爱情有童话般的"纯粹"。

读一读这首诗吧：《爱我，请只是为了那爱的意念》。

如果你一心要爱我，那就别为了什么，

只是为了爱才爱我。别这么讲：

"我爱她，为了她的一笑，她的模样，

她柔语的声气；为了她这感触

正好合我的心意，那天里，的确

给我带来满怀的喜悦和舒畅。"

亲爱的，这些好处都不能持长，

会因你而变，而这样唱出的爱曲

也将这样哑寂。也别爱我因为你
又怜又惜地给我揩干了泪腮，
一个人会忘了哭泣，当她久受你
温柔的慰安——却因此失了你的爱。
爱我，请只是为了那爱的意念，
那你就能继续地爱，爱我如深海。

"只是为了爱才爱我"，这就是"爱的纯粹"。
我们还是从他们的爱情故事里去体会这"纯粹"吧。

伊丽莎白·巴莱特，出生在一个殷实的家庭。美丽的大庄园，是她童年和少女时期生活的地方，在这里，无忧无虑的快乐时光一直伴随着她。她从小喜欢读书，尤其热爱诗歌，她的诗歌天分也很早就显露出来了，六岁开始写诗，喜欢在诗歌的世界里，吟唱自己的歌儿。

想不到，不幸突然降临。她十五岁那年，一次骑马时，从马背上摔了下来，脊椎受到损伤，此后，她再也不能像正常人一样行走和坐立了。这突如其来的打击，是如此残酷。她的生活一下子坠入了黑暗，不再明媚。而后几年，又遇家道中落，母亲去世。再后来，她最喜欢的弟弟爱德华溺水而亡，令她伤心欲绝。此后，她瘫卧床上，几乎与世隔绝。

在无望的生活中，诗歌给了她慰藉和支撑，她用自己笔下的诗句，划亮生活的希望，虽然那火光是微弱的，但毕竟带来些许的光亮和温暖。

随着她诗作的陆续发表，人们开始关注她，并赞誉她为最有才情的女诗人。

在这些关注者中，一位名叫罗伯特·勃朗宁的诗人，被巴莱特的诗所打动。在他眼里，那一首首美妙的诗，如一朵朵花儿绽放着美丽，"假使让这些花晒干，把透明的花瓣夹进书页，对每一朵花写下说明，然后合起书页，那么，这里就可以称之为'花园'了"。这座"花园"，让他迷恋，让他流连忘返。

他很想见到这座"花园"的主人，通过友人转达了自己的意思，但巴莱特婉拒了他的请求。于是，他开始给这座"花园"的主人写信了。

1845年1月10日，勃朗宁给巴莱特写了第一封信，谈到自己对她诗作的欣赏，"无论我和任何人攀谈，我都能说出您的短诗之所以卓越的理由，新奇的音乐，丰富的语言，细腻忧伤和真实勇敢的思考"。他也毫不掩饰地表白："我全心爱着您的这些书，——同时我也爱着您。"在谈及自己未能如愿见到她的遗憾时，他写了如此诗意的话语："我感到我前行在一条事与愿违的路上，我曾经如此地贴近、如此地贴近藏在礼拜堂或地下室里的奇异珍宝，而只需推开一层薄薄的屏风我便可以见到，但是，就是这么一点小小的，看起来仅仅是小小的障碍，却将我拦在了门外，当这扇半开的门关上，我回到了千里之外我的家里，再也无缘一见？"

这封信打动了巴莱特，他们由此开始了通信。

在那些日子里，对巴莱特来说，每一天最美妙的时刻是傍晚，在人们都忙着吃晚饭的时候，唯有她能幸福地，"悄然一人"，听着那邮差的脚步声……

四个月后的一个春日，勃朗宁终于被获许去她家里拜访。

巴莱特，靠在一个大大的沙发上，静静地等待年轻诗人的光临。

勃朗宁来了。他看到了自己心中爱慕的女诗人，瘦弱的病体和忧郁的眼睛，但这些丝毫没有减弱他内心炽热的爱。

见面后的第三天，勃朗宁就给巴莱特写了一封求爱信。而她拒绝了，并告诉他"为了我，请忘记这件事情吧"。她从未奢望过爱情，更不敢相信，一个比自己小六岁，帅气开朗且充满朝气的年轻诗人会对自己能有真正持久的爱。

但勃朗宁执意不肯"忘记"。他每个星期都会去看望巴莱特一次，每次都捧着一束美丽的玫瑰花，那是他从自家的花园里采摘的，带着露水和芬芳。这些花儿，给巴莱特的房间里带来大自然的气息和爱的馨香。巴莱特被感动了，在她心里，勃朗宁到来的这一天，是"整个儿昏暗的星期中最明亮的一天"，也是她每个星期最期待的一天。

巴莱特后来在一首十四行诗里这样写道：

全世界的面目，我想，忽然改变了，

自从我第一次在心灵上听到你的步子

轻轻、轻轻，来到我身边——穿过我和

死亡的边缘；那幽微的间隙。站在

那里的我，只道这一回该倒下了，

欲不料被爱救起，还教给一曲

生命新歌。上帝赐我洗礼的

那一杯苦酒，我甘愿饮下，赞美它

甜蜜——甜蜜的，如果有你在我身旁。

天国和人间，将因为你的存在

而更改模样；而这曲歌，这支笛，

昨日里给爱着，还让人感到亲切。

那歌唱的天使知道，就因为

一声声都有你的名字在荡漾。

那一年，巴莱特三十八岁，勃朗宁三十二岁。

爱情就这样来了！

而让巴莱特自己和其他人都想不到的是，这美好的爱情还带来了奇迹，连医生们都想象不到的奇迹：她的病体发生了不可思议的变化，萎缩的身体开始显示从未有过的生命力。

她不再蜷伏在屋子里，她开始让人抱她下楼去，感受户外的阳光，自然的风景。进而，她能从床上坐起来了，又开始尝试着迈步，在别人的搀扶下行走。

这年的冬季，一个温暖的日子，在病床上躺了十几年的她，居然自己下了楼，走进了会客厅。让所有的人大吃一惊！

第二年的春天，她可以自己上街了！

这时，她觉得自己可以给勃朗宁一个答复了，"如果到了天气暖和的时候，我的健康更好一些，那么到那个时候，由你决定吧"。

她终于接受了勃朗宁的求婚，——他的第三次求婚。

然而，他们的婚姻遭到巴莱特父亲近似狂暴的反对。

不得已，1846年9月12日，巴莱特和勃朗宁来到附近的一座教堂悄悄地结了婚。一周后，他们离开英国，定居意大利。婚后第三年，在勃朗宁夫人刚过了四十三岁生日的时候，一个小生命降临了，他们的儿子"贝尼尼"，给这个家带来新的欢乐和幸福。

诗歌和爱情，让勃朗宁夫妇一直过着如勃朗宁夫人所说的"太幸福"的生活，勃朗宁也曾快乐地说道："我们就像树洞里的两只猫头鹰那样快乐……"

就在他们幸福生活的第十五个年头，1861年6月29日，勃朗宁夫人有些感冒症状，似无大碍，只是觉得有些疲惫，她依偎着勃朗宁，商量着夏日里的度假计划，谈笑间，她还温存地表达着爱情，说着说着，睡意袭来，她便靠在勃朗宁胸前打瞌睡。可没想到，她就这样，永远地睡去了，离开她深爱的勃朗宁和儿子贝尼尼，不再醒来。

勃朗宁夫妇的爱情，就此，定格在永恒。

他们往来的书信，作为他们爱情的见证被保留了下来。那就是《勃朗宁巴莱特书信集》，近六百封信一百多万字。人们评价道，如此浩瀚、美如诗篇的爱情文字，可谓空前绝后。

"我清楚地记得，过去我经常在那些湿漉漉的青草中散步，或者在那些深可没膝的野草中'蹚'过。阳光照耀在头上，一阵风吹来使得周围一片青翠，明亮了然后再暗下来……但这些都不是幸福，亲爱的爱人啊，幸福并不是随太阳或雨水而来……我本以为我算是幸福的，因为我在死亡面前十分平静。现在，自从我成为一个人的爱人，我才第一次懂得了与死亡分开的生命，懂得了没有哀怨的生命……"透过这些美妙的文字，我们可以感受到他们爱的诗情，爱的纯美。

"成为一个人的爱人"所体会到的，是在"爱的纯粹"中，体验生命的真谛。

"只是为了爱才爱"，与那些不是为了爱而是为了别的什么才有的所谓爱，岂不是天壤之别，判若云泥吗？

费尔巴哈曾有这样一句话，"爱吧！但是要真正地爱"。

真正的爱，应该是纯粹的！

6　珍藏的字条

欣赏一首歌儿吧，LOVE ME，歌里唱的是一个普通人的普通爱情。
哦，感人的爱情故事从乡村音乐的旋律中飘来了。

我读到一张奶奶留下的字条
写于遥远的1923年
爷爷一直收藏在身边
只给我看过一次
他说：孩子，也许你不理解
但是很久很久以前
你奶奶的父亲不喜欢我
我却深爱着你的奶奶

我们有一个疯狂的计划
一起远走高飞
在到达的第一个城镇结婚，永远生活在那儿
但是当我来到那棵树下，寻找她的踪影
只发现了这张字条
上面这样写着

如果你先我一步到达那里
请不要把我放弃
当我处理完手边的事，终将与你相见
我不知道会是什么时候

但我不会让你失望

亲爱的等我来见你

直到我与你再次相见，

我将永远爱你，爱你的，我

我读到这张字条的前几个小时

奶奶已经永远离去

在教堂的门廊

我和爷爷停下来祷告

在我十五年的岁月里，从没见过爷爷哭泣

但是今天他一边流着眼泪

一边念出心中的誓言

如果你先我一步到达那里

请不要把我放弃

当我处理完手边的事，终将与你相见

我不知道会是什么时候

但我不会让你失望

亲爱的等我来见你

直到我与你再次相见

我将永远爱你，爱你的，我

直到我与你再次相见

我将永远爱你，爱你的，我

　　孙儿从爷爷一直珍藏在身的纸条里，读到了爷爷奶奶的爱情。年轻时，他们为了爱，冲破阻力，走到了一起，此后相守一生。他们的爱，即使面对生死两茫茫，依然忠贞不渝。这张纸条，是当年他们远走高飞时，奶奶给爷爷留在树下的，上面写的是对爷爷的请求，和她自己对爱的承诺。几十年过去了，奶奶先行离世，伤心的爷爷以当年奶奶同样的请求，同样的爱的承诺，流泪祷告，表达自己内心的誓言。

歌中并没有具体讲述他们一生的爱情故事，但你却能感受到他们的恩爱，想象到他们一路走来的幸福。

"我将永远爱你"，这是爷爷奶奶彼此的承诺，他们以一生的爱，履行了诺言。

"我将永远爱你"，相爱的人们大都会如此信誓旦旦，但并非都能履行诺言。而歌里的爷爷奶奶做到了，便有了一生一世的爱，可见，履行承诺，是爱的可贵品质。

其实，我们每个人都可以拥有美好永恒的爱情。你可以不是我前面讲到的那些爱情故事里的学者、诗人、科学家、思想家……但你完全可以拥有伟大的爱情，那是一种以朴素平凡的形式呈现出来的美丽和力量。

有一首歌儿唱道："我能想到的最浪漫的事，就是和你一起慢慢变老，直到我们老得哪儿也去不了，你还依然，把我当成手心里的宝。"

普通人的普通爱情，往往被我们忽视。其实，爱情的常态，往往就是两个人在平凡的生活中携手到老，这也是一种浪漫，一种伟大。我曾在报纸上看到一篇文章，讲述了一个非常普通的爱情故事，既没有什么波澜起伏的情节，也没有什么惊天动地的事情，可就是这样一个发生在普通人生活中的爱情，会让你读了后无法平静。文章写的是一个儿子在翻找东西的时候，在家里的老箱子里发现了一封信，收信人是他的妈妈。他打开信封，里面是一张薄薄的信纸，上面是写得歪歪扭扭却看得出来是非常认真的几行字："俺平安到了工地，不要牵挂。等挣了钱买几件家当，俺就去娶你。俺会一辈子对你好！"儿子于是想起了父母在几十年的共同生活中相亲相爱的一幅幅具体图景，爸爸为履行这"一辈子对你好"的诺言所付出的辛劳，妈妈对家庭对儿女默默地日复一日地操持着家务，还有他们生活琐事中体现出来的彼此的珍爱。在这么几行没有一个"爱"字的情书里，他的儿子从中读出了真爱。我觉得他们比起现在的那些成天把爱挂在嘴边的人更懂得爱。真正的爱就应该是这样朴素无华，这样信守诺言。现在有多少人愿意承诺"一辈子对你好"，又有多少人履行了"一辈子对你好"的承诺。我觉得，其实爱就是一种承诺，履行了承诺的爱情才会天长地久，才值得我们向往。

7　美好如斯

在中学时代，我读过一本书——《马克思的青年时代》。

这本书对我人生影响最大的，是其中的爱情观。当时懵懂的我，是因为马克思和燕妮的爱情，才对爱情开始有了思考。

这不是童话里王子和灰姑娘的故事，而是现实中穷人家儿子和贵族家女儿的故事。

燕妮，一位出身名门望族并被当地人公认的美丽姑娘；马克思，一个出身穷律师家庭且一无所有的大学生。

年轻的他们是因为马克思的姐姐而相识的。燕妮是马克思姐姐的朋友，所以，他们常在一起玩耍，无拘无束地如朋友一样相处。但在马克思即将离开家乡去波恩读大学的时候，他们的感情开始有了微妙的变化。

临行前的一天，在燕妮家里举办了一场晚会。

那天，燕妮身穿一件带有短披的、一点也没装饰的淡黄色连衣裙，平常那蓬松的、有点儿披散的头发这次捆得特别平整，从中分开，向上面梳着，在众多的姑娘里面，她显得格外的美丽而高雅。这不同往日的装束，竟使马克思没有马上认出眼前的美丽姑娘是燕妮，而当他认出来时，心里不由联想到古代日耳曼传说中的希腊女神和女皇，美丽而高贵。

晚会结束了。他俩忘记了晚会后游戏的惯例，走到外面交谈起来。主要话题自然是马克思去波恩读书的事。马克思畅想着未来，谈论着大学和书籍，他像一个雄心勃勃的战略家谈论想要征服土地的宏愿一样。对于自己的理想，马克思向燕妮吐露了深藏在自己心底的思想："任何时候我也不会满足，读的书越多，就越深刻地感到不满足，越感到自己知识的贫乏。科学充满了无穷奥妙令人向往。"而谈到人生，他说："在我看来，使人生具有意义的不是权势、不是显赫，我们应该寻求一种不以满足私利为目的，而以实现全人类幸福为目标的完美理想。"

这话打动了燕妮，"实现全人类幸福"，马克思的理想和抱负所表现出的宏大心胸让她深受感染，她对马克思说："以你的天资，当然能有所成就，实现你所希望的一切。"燕妮的理解使年轻的马克思兴奋和感动。

他们一起来到凉台，坐在凉爽的台阶上，继续聊天，花园里已没有人了，只有留在屋里的人们仍然在跳舞，争论，喧闹。

在推心置腹的谈话中，燕妮感受到马克思身上有一种探索未知的巨大力量，这力量的魅力在她心里变成了一种依恋的温情。分别在即，她也坦诚地向马克思说出自己的心里话："我愿意做你各方面永远可以信任的忠实的朋友，我愿意看到你成为一个不平凡的伟人。"燕妮的善解人意，让马克思感到由衷的幸福。

第二天，心怀这份幸福感觉的马克思踏上了去波恩求学的路。

一年后，马克思回来了，他从波恩带来了新鲜的思想、坚定的自信和对未来的向往。这一切都让心灵敏感、热爱生活的燕妮感到惊诧，并因此而更深地被他吸引。她觉得自己无法抗拒马克思那种独特的精神魅力，这个被许多人追求的美丽姑娘，终于为自己做出了人生最重要的决定：接受马克思真诚的爱。

但他们的爱，遭遇世俗的反对。相差悬殊的家庭背景，再加上燕妮比马克思年长四岁，都成为阻挡他们相爱的障碍。但，在他们看来，相爱是两个人心灵的共鸣，而不是社会地位和年龄问题的附属。在那个时代，不畏世俗的爱情，显然只有勇敢者才能拥有。他们在艰难中守护着坚持着自己的爱情。终于，他们的爱情得到了双方父母的理解和认可。即便这样，面对强大的世俗力量，他们也只能秘密地订婚而不能将这幸福的消息公之于众。

相恋的七年里，他们除了要承受来自社会和亲属出于俗见对他们施加的思想压力，还要承受因别离带来的思念的痛苦和牵挂的忧虑，同时还要共同经历反动政府的政治迫害和无情打击……但他们却以爱的勇气和智慧，在为争取幸福的努力中，坚贞不渝。

什么是爱情？他们用自己的选择做出了回答。

燕妮，不仅美丽，更是明智的。她选择了一个真正懂得爱情的人。在马克思的心里，爱情是神圣的，当他对燕妮说出"我爱你"时就已经意味着"永远"。他从小就耳濡目染感受到什么是爱，知道一个男人应该如何去爱自己所爱的女人，因为他的父亲就是他的榜样。他看到自己的父亲是怎样珍惜和疼爱着自己的母亲。在他母亲怀孕，以及因生孩子而身体虚弱时，他亲眼看到父亲分担着母亲的每一份细小的忧虑和快乐。父亲是爱情专一的人，他还经常教导儿子们尊重女人。这使马克思潜移默化地接受了父亲在爱情问题上的高尚。

当然，他心中对爱情的理解，还不只是这些。在他看来，爱情和知识一样，是永远取之不尽的；爱情和真理一样，是不断发展的，不易达到的。正是出于这样的认识，他在和燕妮的爱情中表现了一个伟人非同常人的追求，他用自己毕生的爱一直在实践着他对燕妮的爱的承诺。

虽然他们常要面临短暂的相聚和不舍的别离，但这丝毫不影响他们的相爱。在马克思的心里，不仅在柏林，就是在整个世界中，也不会再有像燕妮这样动人的合意的姑娘，燕妮是唯一的、最完美的女性，世界上即便有更美丽、更聪明的女人，在燕妮面前也显得暗淡无光，这就是他心中的燕妮。马克思一生全身心地爱着燕妮。正是这种忠贞的爱，宛如尊敬、骄傲和相等的智力铸成的铠甲，使他拒绝了一切诱惑，而始终如一地爱着他心爱的姑娘燕妮。他忠实于燕妮，不仅因为这种忠实符合他对爱情道德的理解，也不仅因为他父亲的教诲和叮嘱，更不是因为爱情誓言对他的约束。他的忠实，是因为他必然这样做，因为，他爱她。

燕妮也是如此深爱着马克思。一次燕妮和一个女作家谈话，当那位女作家发现燕妮书架上有许多哲学书，便说这些书读起来很费劲。

可燕妮却说："开始读这些书的确不容易，但是当我读了康德和费希特的东西，我便习惯了抽象的思想和新名词。我读这些书只是想了解一下充满我未婚夫生活中的那些东西。"

这位女作家对她说："就您的教养、书信和口才的雅致风格，亲爱的，您的确可以在文坛上享有地位，不但如此，甚至……"

燕妮打断了她的话，反对道："我情愿当他的助手、平等的朋友和同路的人。我想，这种幸福不是每个女人都能得到的。他的成就和喜悦会使我获得由衷的快乐，一种如同自己成功一样的快乐。我们还在恋爱，当你打算和一个人共同生活、白头偕老的时候，用五六年的时间来做巨大而又必要的考察大概不算长。我希望卡尔和我在一起是幸福的，正像我希望自己和他在一起很幸福是一样的。要做到这一点，我不仅应该成为一个贤妻良母，而且也应该成为他的同志，他的谋划人，不仅要相信而且要相敬。因为其中包括我的全部精神生活。两个相爱的人如果不能这样的话，婚姻对于他们只不过是一张庸俗的契约，一条生锈的锁链，这样的婚姻只是一种互相的折磨。"

那位作家对此表示不解，燕妮继续说："我既然把自己献身于他，我就相信他，相信我们目标一致，要不然我为什么献身于他而不献身于另一个人呢？精神没有结合，身体就不可能结合。要知道我们不是牲畜，我们是人，是有缺点的但是力求日臻完美的人。所以说婚姻对我是一种圣礼，是一件伟大而完全人道的事情。婚姻就是爱情。"

燕妮的这些话语，让人看到了一个美丽女人的美丽心灵。她对爱的理解是那么朴素但又那么深刻，这些并非表白的言语所表现的正是后来她能和马克思相濡以沫共度一生的思想基础。

马克思和燕妮就是如此相爱着。时间在流逝中也没有淡漠他们那热烈的感情。马克思曾在给燕妮的信中写道："诚然，世间有许多女人，而且有些非常美丽。但是哪里还能够找到一个容颜，她的每一个线条，甚至每一处皱纹，都能引起我生命最强烈而美好的回忆？"这就是一个男人，一个伟大的男人，对自己至爱的表白。

经过七年的漫长等待，1843年6月19日，燕妮和卡尔这两个相爱的年轻人举行了结婚典礼。此后他们在一起共同生活了近四十年。燕妮于1881年去世。燕妮的去世使马克思陷入极度的悲痛之中，他说："……我的思想大部分沉浸在对我的妻子——她同我生命中最美好的一切分不开——的怀念之中。"悲伤再加上疾病缠身，两年后，马克思也溘然长逝。

他们在近四十年的共同生活中，不仅共享了天伦之乐，亦一起经历了颠沛流离。两个相爱的人面对政治上的迫害，经济上的困窘，从未低下过"高贵的头颅"。为了共同的理想，为了人类的幸福，他们同舟共济。正如他们的小女儿爱琳娜所说的那样："我可以毫不夸张地说，如果没有燕妮·冯·威斯特华伦，卡尔·马克思永远不会成为当代的马克思。从来还没有像这两位天才的人这样，一生中紧密相连，互相支持。"一个出身高贵看似柔弱的女人，和她心爱的男人一起经历了人生难以想象的困苦。因为生活的拮据，他们有几个孩子因为没有得到很好的医治而相继夭折，这对于一个母亲来说是怎样的伤痛？但燕妮挺过来了。不仅如此，她还和马克思在艰苦的生活中尽量为家庭创设一种快乐的氛围。他们用自己的智慧和幽默，使这个家庭置身于精神的富足当中。面对政治上的迫害，燕妮也表现出非凡的勇敢，她全力支持马克思投身革命，支持他伟大理论的创建，用自己柔弱的肩膀承担起家庭的重负。

爱情，不就是两人相携一生，至死不渝吗？

可以这么说，爱情所具有的诸多美好因素，在他俩的情感关系中，都得以充分的体现：永恒、美好、忠诚、相守、浪漫、幸福……

情人节那堂课，玫瑰的话题引出向往和思考。

小王子独一无二的那朵玫瑰，勃朗宁夫妇爱的纯粹，居里夫妇爱的目光，周有光和张允和夫妇爱的如水深情，乡村歌曲里爷爷奶奶朴素的爱，马克思和燕妮爱情的至死不渝。当然，还有更多更多的美好爱情……

有这样的美好珍藏在心，我想，爱情路上你是不会迷失的，你也会寻到属于自己的那朵，爱情玫瑰。

你说，对吗？

三

这　朵

"花朵是如此的天真无邪！可是，我毕竟是太年轻了，不知该如何去爱她。"还记得小王子的这句话吗？

春天的花园里，有很多美丽的花。
年轻的心在寻找……
寻找小王子说的"我的玫瑰"，
那独一无二的玫瑰。
——在哪儿？在哪儿？
瞧，这朵，这朵是吗？

1 春天里的这朵

有这样一首小诗：

一朵细白静寂的薄云，/被风刮起——/飞掠碧蓝的天空。/低首欣然的那片云，/雪白清凉，/愉快地流至——/你青涩的梦中。（赫塞《朦胧的云》）

朦胧中，这朵云，飘入青涩的梦。春天的悸动……一朵小花，睁开了好奇的眼睛。

曾经，有位女中学生，用她细腻的笔触，描画了这样一个梦。

曾经，我带学生走进她描绘的青涩的梦里，欣赏春天里的这朵小花。

柳眉儿落了

龙新华

（1）

她可是冷了，初春的风很有些刺骨，她使劲跺跺脚，下边是一片又湿又滑的柳眉儿。

塘里弥漫出一团团雾气。"我在雾中漂浮。"她恍恍惚惚地想。是呀，那件事真让她头脑发晕。

是昨天中午，她在学校收到他的一封信。她跑到校园里的灌木丛中，拆开了信封。

雪白的信纸上，只有这两行字:愿意永远与我同行吗？等着你的回答。

她脸红了，有一丝甜蜜，又有一些慌乱。

怎么办？她漫无目的地穿行着，摘了片树叶儿在手里揉着。

他是个可敬不可亲的人，棱角分明的骨骼，宽厚低沉的嗓音，透出一种威严和力量。各门学科的成绩都很好，可就是孤僻。

一个班里待了一年半，他们之间说的话不会超过五句。这学期，他的座位调到她的后面，他们才稍微有了几句话。有一天，她采来许多草茎，编了好些小猫、小狗，放在课桌上玩。他看见后，眼里放出热诚的光，又请求给他一只小猫。她给了，这是他们第一次正式接触。以后他们之间的话多起来了。他常常问她正在看些什么书，有时会主动帮她借到；甚至她独自在为一道习题伤脑筋时，他也会悄悄地扔过来一张写着提示的小纸条；再以后，再以后……

不管她承认不承认，她心里开始有种朦朦胧胧的愿望。她喜欢看到他，喜欢看到他做任何事。

可是再怎么说，她也绝没想到他会这样直率地给她写信。

她慌乱了，直到下午的上课铃响了，她也没有想出该怎么办。下课后，他走过她身边时，两人的目光相遇了，她好像被一种"超自然"的力支配着，竟然不由自主地说：明天早上五点，她在校园里池塘边老柳树下等他，那时再回答。

昨夜，感情与理智的斗争一直折磨着她。思考的结果是拒绝，怎么能答应呢！她其实并没有很深地了解他啊！感情渴求着答应，然而理智的声音盖过了感情。

（2）

他已早来了。

站在离她不远的一棵树后面。看着她的背影，他反而犹豫了，不敢前去。

他自己也不明白，怎么会一下子投出了那封信。以前，自己浑浑噩噩，只知道拼命读书、解题，连跟同学多说句话，也认为是浪费时间。她的出现，仿佛为他打开了一扇窗，使他看到生活中还有其他色彩。

随着和她的接触，他发觉自己的感觉渐渐变得敏锐起来了。雨后的大树，阳光下的草地，微风中的泥土味儿，还有那舒展的云，辉煌的落日……所有这一切都深深震动着他，使他感到有种不可言传的美。他的心中逐渐洋溢起生活的温情。

这个温馨的傍晚，他提笔写下了那封信。

他看见她使劲地跺脚，两肩微微瑟缩着，暗下决心不能再等了，上前去！

读到这里，我停下了。

学生们明显在等着下文。

"故事中的两个人，想法不一样了。女孩，内心渴求答应，理智却冷静地决定拒绝。而男孩，面对将要得到的回答，竟胆怯起来，他怕遭到拒绝。他们，会怎样呢？"我把问题抛给了学生。

课堂活跃起来，学生们的想象力，真是不可低估。

待他们说得差不多了，我做了个小结："他们会怎样呢？或许，男孩无奈地接受了现实；或许，情节有转机，女孩临时又改了主意；或许，男孩再三恳求，女孩不忍拒绝：或许，两个人谈不拢，闹僵了……这些都是我们的假设，这些假设在现实中也都有可能。那么，我们来看看，作者给了这个故事怎样的结局呢？"

我接着读了下去——

（3）

走到她的身边。

"来啦？"她招呼着，嘴唇动了动。

"嗯。"他只是动了动嘴唇。

沉默。她的心里乱极了，接下来怎么办？

慢慢地，他从口袋里摸出两只小小的纸船儿。"我们让小船启航，让小船同行，好不好？"他轻轻地说，同时摘了一片草叶放在一只船里，摘了一朵花放在另一只船里。

她没有开口，也没有动。

"你，不愿意吗？"他有些迟疑，音调异常柔和。

"不愿意。"她说。自己也不清楚是怎样发出这三个声音的，只觉得心里有一丝苦涩。

他没再说话，只是站起身，凝视了小船一眼，便转身走了，脚步轻轻的。

"听着，"她出乎自己意料之外地大声说，"我不拒绝！"

他转过身，眼里闪着希望的光，走过来，她却忧郁地别过头去："我不拒绝，可也不愿意。这两只小船太小了，可不是？还没下过水呢！它们

能够确定自己的目标吗？它们能知道对方的目标并且永远行驶在一条航道上吗？它们现在互相喜欢着，可仅仅喜欢是不够的。"

"现在就让小船儿在水中自由地漂吧，"她继续缓缓地说，"也许以后，它们会重新相遇，并沿着同一条航线前行，也许——"

他思索着，轻轻地对她说："该让船儿启航了！"

于是他们蹲下，郑重地把小船儿放进了水里，然后又一同站起来。很快地转过身，不再看那小船儿。

浅绿色的柳眉儿，纷纷落下。

读完，教室里很安静，从学生们的眼神里，我看到了惋惜、不解、伤感、无奈、同情……年轻的心是敏感而多情的。

我说："笼着雾气的池塘里，荡着两只小船，一只船里有片草叶，一只船里有朵小花。初春的晨雾中，他和她，渐渐淡去的背影……小说在诗意的画面中，戛然而止。你们读后有什么感想呢？"

说完，我让学生们自己默读、思考，然后写一段简评，在小组内分享。

他们完成之后，我发表了自己的感想——

两只小船，以后是否会相遇，沿着同一条航线前行？他和她，后来是否会走到一起？

"是"，还是"否"，留给想象吧。重要的是，目前的他和她，如何面对青春的情愫。

"愿意永远与我同行吗？等着你的回答。"一封只有两句话的情书，是他写给她的。

没有用"爱"的字眼，而是以含蓄的"同行"表达。"永远"，是他对爱情的理解；"等"，是他对爱的期盼。青春少年，将自己爱的激情，浓缩在这十几个字里。

她，读懂了，年轻的心因此而甜蜜、慌乱。她是那么喜欢他，她真的很想回答他"愿意"。但心怀的那份爱情理想提醒自己说："你并没有很深地了解他""仅仅喜欢是不够的"……是啊，"了解""喜欢"和"爱情"，真是要认真想想的呀。

最后，她还是理智地做出了"不愿意"的决定，虽然很艰难，虽然很不情愿。

一个多么明智的女孩！

当然，我也要说，他是一个明智的男孩！

多期盼能得到她"愿意"的回答，他是那么地喜欢她，在他眼里，世界因她而美丽。但他得到的是"不愿意"的回答。失望，甚至痛苦，对年轻的心是一个不小的打击。但他接受了这个回答，没有试图说服她改变决定，也没有追问她"不愿意"的理由。女孩是幸运的，遇到了一个懂得尊重的男孩，他不仅尊重了女孩的决定，也保持了自尊。

故事的美，恰恰就在这里。

假如，女孩草率地回应"愿意"，男孩轻易地得到了这个回答，如此一个"欢喜"的结局，会有现在读来的这种美感吗？

他们的故事，开在春天里的这朵小花，真是很美。他们的彼此喜欢，他们的彼此尊重，他们的自重自爱……都很美。他们留住了青春的一份美好情怀，给自己，给对方。

2　悄悄的情愫

一位少年的几则日记。

是他送我的礼物，一本散发着青春气息的日记。

×月×日

"'我要去看她！'早上醒来，我愉快地望着美丽的太阳喊道：'我要去看她！'一整天我再也不想干别的了。一切，一切都交织在这期望中了。"《少年维特的烦恼》里，我印象最深的一段话，竟成了我现在心情的写照。

每天向着学校走去，我心里就会跳出维特的那句话："我要去看她！"

现在，对我来说，没有任何事情比这期盼更重要的了。

我期盼，上学的路上偶遇她，跑上去，和她打声招呼；走进教室第一眼就看到她，而她也恰好看到我，目光在对视中问候；无论是上课、自习还是课间，我的目光总能捕捉到她，那最美的身影；她转身回头的那一瞬，能将微笑投向我，而不至于让我白白守候……当然，我更期盼，她知道我的心思，她也有如我一样的期盼："我要去看他。"

当然，我还有更多的期盼……

爱情，我的爱情，是你吗？

×月×日

晚修的课间，趁她同桌不在，我走了过去，压低声音说："可以在这儿坐会儿吗？"她抬起头，那目光是诧异的，紧接着就"扑哧"一声笑了出来，"你真逗，咋不能呢？"这下，轮到我诧异了，她的反应和我预想的不一样啊，文静的她，应该是温柔而轻声地说："可以。"我不知道自己是怎么坐下来的，事先准备好的"台词"被她那"扑哧"一笑完全给搞乱了，记得当时自己有点儿语无伦次、言不达意，东拉西扯地乱说一通儿，有失水准。唉，好好的一个"文艺片"，被我搞成"无厘头"了。晚修结束了，我想继续"文艺"，就紧随她一起下楼，本想着她能回眸一笑，哪承想，她压根儿就没理会自己身后还有人，只是一个劲儿地闷头走。太让人扫兴了！我想上前搭讪，紧走几步赶上了她，可她连头都没扭一下，目光直视前方，走自己的路，根本没理会我。我只好继续往前走，但心有不甘，就蹲了下来，假装系鞋带，等她过来。这回，她说话了："怎么了？"切，智商够低，这不眼瞅着我在系鞋带吗？虽说心里是这样想，但脸上还是笑呵呵地说："鞋带松了。"随后我马上站了起来，和她一起向校门外走。剧情发展又不对了，我俩不顺路，她往东，我往西。想起几米的《向左走，向右走》。唉——

孤独失落的一路，东想西想的，挺没劲。突然想起老师说的，几米的灵感来自诺贝尔文学奖得主辛波丝卡的《一见钟情》，"他们彼此深信，是瞬间迸发的热情让他们相遇。这样的确定是美丽的，但变化无常更为美丽"。诗句很美，现实呢？

×月×日

其实，我也可以很直接地向她示好，但我觉得，那太没劲了。我可不愿意像有的人那样，公然地直接地搭讪，那太俗了，太没情调了。这事儿，总该有些浪漫，总该有些独特，甚至应该如捉迷藏一样，否则，太没意思了。

今天语文课，学的是舒婷的爱情诗《致橡树》，老师让她起来朗诵，我怎么觉得，这是读给我听的呢！但又觉得她的声音很远很远……"仿佛永远分离，/却又终身相依。/这才是伟大的爱情，/坚贞就在这里：/爱——/不仅爱你伟岸的身躯，/也爱你坚持的位置，/足下的土地。"我是那棵橡树吗？她是橡树旁的那棵木棉吗？

她朗读完了，老师再讲了些什么，我都不知道了。因为我在写诗，给她的诗——《致你——我的木棉》。"……我必须是你身旁的一株橡树，/

作为树的形象和你站在一起。/根，紧连在地下，/叶，相交在天空。/阳光丽日下，我们共享明媚，/疾风暴雨中，我们共渡难关，/我的钢枝铁干，衬托你的红硕花朵，/你的柔叶舞枝，陪伴我的雄心伟业，/爱——/不仅爱你柔美的身姿，/也爱你挺立的躯干，自立的气质。"

一气呵成，天生诗人啊。正沾沾自喜呢，同桌推了下我，"干嘛呀"，我瞪了他一眼，只见他向我使了个眼神。不好，老师正站我旁边呢。忙把"作品"塞进课桌。"写什么呢，给我欣赏一下，可以吗？"她温和商量的口吻，反倒让我无法拒绝，就把自己的"诗作"递给了她。"完了，这下完了，全班大曝光。"我心想。唉，这时要有个地缝我肯定就钻进去了。我低着头，紧张地等待判决，却有只温柔的手轻轻拍了拍我的肩，"你的诗写得还可以啊，我以前还没注意到你对诗歌有兴趣呢。这样吧，课后咱俩聊聊这诗"。

后来，当然是我去了老师那儿。她先给我的诗提了点修改意见，之后谈到她喜欢的几首爱情诗。哈，我懂，她这是通过诗，对我进行"爱情教育"呢。别说，她喜欢的那几首诗倒是真不错。

很担心她问"我的木棉"是谁，可她居然没问。这种不对学生"刨根问底"的老师，真心不错。幸运啊！

×月×日

悄悄跟踪了几天，发现她回家的必经路线，有一段是海边。

大海，晚霞，那还是挺有情调的，主意有了：偶遇。

放学后，我快速下楼，蹬上自行车，直奔她必经的海边，为了不被她"错过"，我特意把自行车横在海边的一棵大树下。

她来了！我拿着相机装作在那儿拍海景，其实，根本没看镜头，而是用余光"瞄"着她。哈，我的自行车成功挡了她的道儿，她跳下车，准备绕开的时候，看到了我，而我继续在那儿"全神贯注"取景，后退几步，装模作样地朝后面看了一下，故作惊讶状："啊，你！""你在这儿拍照？"她说。"是啊，这景多好啊！"她看了看天空大海，点点头说："是挺好的。"我便趁机和她聊了起来，什么取景啊，构图啊……反正肚子里有的那点儿货，统统倒了出来。没想到，她学过绘画，谈起这些，她见识不比我少，可谓"棋逢对手"，也算是趣味相投。我发现，她聊得很开心，而我，计谋得逞，当然更开心了。

天色渐暗，我顺理成章地送她回家，她没有拒绝，哈，正合我意！

这一路上，聊得好开心……

有一位可爱女生，在上了《给女儿的信》这一课之后，给我写了这样一封信。

亲爱的老师：

您好！感谢您的这堂课，真的十分感谢。和中学生谈爱情问题，这是大人们，包括许多老师都极力回避的。您能在课堂上给我们读苏霍姆林斯基《给女儿的信》，能把这位伟大的教育家对自己的女儿进行"爱的教育"的家书介绍给我们，能开诚布公地和我们探讨爱情这一人类伟大的情感，这对成长中的我们来说，是多么的重要！

老师，您知道吗？在我的心里，也有一个"他"。

初二时班里转来一个男生，他是北方来的，有着与众不同的神气劲儿，高高的个子、帅气的长相，还有一种与众不同的冷峻，这一切都深深吸引了我。

于是，从那时开始，我的目光就时常追逐着他。而不知为什么，一旦看到他，我的心就会怦怦地跳。他的举手投足，还有他特有的神情，都被我摄入心田。当时，我不知道这是什么感觉，我有一种想接近他的愿望，但是当他真的在我身旁时，我却又不敢和他讲话，甚至变得手足无措。

他是足球场上的英雄，因为他，本来并不喜欢足球的我也恋上了绿茵球场，只要有他参加的比赛，我场场都去，为他助威，为他叫好。他的学习也特别棒，尤其是数学，无论大考还是小考，都在班上名列前茅。于是，我对他除了喜欢又增加了一分崇拜。在我的心里，他几乎成了完美的化身。

这种感觉越来越强烈，我却无处倾诉，无法排解。于是，我爱上了写日记，每天对着日记述说我的感情。

　　好几次，我想对妈妈讲，但终于没敢说，只能在日记里写道："亲爱的妈妈，我多想告诉您，我爱上了一个男孩，我的心时时都在牵挂着他。我应不应该爱，我应该如何去爱，没有人告诉我……"

　　一向开朗的我，开始变得心事重重。有时，我真想摆脱这种爱的纠缠，可又实在做不到。无助的我只能去找有关早恋、有关爱的文章来看，但得到的都是一个答案：影响学业。难道我们除了学业就不可以有别的吗？那种自然而然发生的爱的感情，就不可以存在吗？虽然这样想，但我还是听从了这样的劝告，决定专心学习，忘记他。虽说决心下了，可我无论怎样努力地想把他忘掉，却怎么也做不到。因为他实实在在地生活在我的身边。有时，我发现了他的缺点，于是就极力说服自己："这个人不值得我喜欢""忘掉他吧"，可即便这样，也还是没办法把他从我心中赶出去，甚至连淡化对他的喜欢也做不到。

　　看到有的同学成双结对地出入校园，心里也挺羡慕，曾想象和他结伴而行，可羡慕归羡慕，真要是和他结伴走，我是没这个勇气的。

　　初中的时光就这样过去了。直到毕业，我也没有向他表露过自己的这种感情，只在他的毕业留言本上写下了一段隐晦的表白。

　　毕业后，他去了另一所高中，我们就这样分开了，我再也没有遇见过他。

　　曾经的感情，留给我的是一本散发着芬芳的日记。那一份朦胧的爱意，那一个美丽的少女梦至今还陪伴着我。

　　朦胧的爱，朦胧的情，在我心里是雪一般的纯洁，面对它，有欣喜也有困惑。这种感觉是不是爱情，我不清楚。无数个"为什么"与"怎么办"缠绕着我，没有答案。虽然这种感觉给我带来了烦恼，但我又喜欢这种感觉，甚至觉得处在青春期的少男少女如果没有这种感觉，会是永远的遗憾。但一想到这种感情会影响学习，影响所谓的"前途"，我又不知如何取舍，因为我的心会不时因此而烦乱。

　　因为这段经历，我以为自己已经成熟了，已经经历了爱情，已经了解了什么是爱情。直到今天，直到今天读了苏霍姆林斯基《给女儿的信》，我才发现自己原来是那么肤浅，我才知道原来爱情不是那么简单。爱情是圣洁伟大的，恰如戴着花环的天使一般美丽。

不过，我仍然很想知道，我所经历的是不是爱情，我对他的那份至今不能释怀的感情是不是爱情？老师，您能告诉我吗？

一个美丽的少女梦，一份朦胧的"爱"。

她心里疑惑，"这种感觉是不是爱情"？

于她来说，确实因喜欢而产生了爱的依恋，但这仅仅是她个人的感觉。而爱情，应该是两个人的彼此感觉，互相爱恋，那才是真正意义的爱情。这个女孩所喜欢的他，并没有与她有任何情感的共鸣和交流，所以，只是出自一方的爱恋，常被称之为"暗恋"或"单恋"。

前面的少年日记也是这样。直到毕业，他也一直没有向她表达过爱意，只是暗暗喜欢，只是自己一个人在"爱"。后来，他没有成为她的"橡树"，她也没有成为他的"木棉"。但他们是很好的朋友，一直到现在。

但即便是这样，他们的这份感情也是美好的，是不是爱情已不重要。那如同晨光中的一抹朦胧，正是生命走向成熟的美丽。

毕业时，少年给他喜欢的女生，写了这样一段毕业留言："是你，让我听到了自己心底的第一声青春的呼唤，我感谢你！并将永远珍藏对你的美好记忆。"青春的第一声呼唤，不免有些稚气，但却是真挚的，可贵的。

像他们这种"默默"的"爱恋"，是青春期男女较为普遍的情感现象，羞于表达，或者不愿表达，只是自己在心里感受青春的情愫，将其作为私隐的秘密珍藏起来。在一个人还没有足够的心理准备的时候，这种"爱恋"形式的美丽，有着理想的光泽，而且初显理性。一个人年轻的时候，有这样的美丽情感，是会珍藏一生的。日后，那将是一份极其珍贵的甜蜜回忆，青春纪念。

默默地喜欢，等待，准备。爱，必将沐浴在阳光下，晶莹而美好。

3　眼睛里的秘密

工作调动，我来到了一座美丽的南国小城。

第二年，我收到了一封信，寄自原工作生活的城市。是我原来的学生，一个沉默寡言的男孩写来的，这让我感到意外，而更意外的是信的内容。

曾老师：

您好！这是一封我一直想写而一直没有写的信。但我今天终于写了，因为我将去找您，我必须找您！

我已经陷入了无法摆脱的烦恼中，而这些烦恼都是您给我带来的，这也就是我必须找您的理由。这些烦恼已经严重影响了我正常的生活和学习，让我吃不好睡不好。烦恼的原因我没法和别人说，只能和您说，因为一切是您引起的。

读初三时，我在学校的校园里看到了您。那时，我虽然只是偶尔远远地看见您的背影，或者匆匆地与您擦肩而过，但却已经在我心里产生了一种特殊的感觉。在我眼里您是那么完美，您总是梳着短短的头发，像学生一样。学校的许多女老师都烫起卷卷的头发时，您仍然是直直的短发，这显得您与众不同，也就更引起我格外的注意。您小巧的身材让人很难辨认出您是老师，但我还是总能从众多的同学老师中辨认出您，因为您有一种特殊的气质，说不清是您走路的姿态呢还是您那与众不同的表情，一种严肃又不乏天真的表情。那时，我远远地望着您，就在心里想，我以后就要找像您这样的女孩。有时您远远走过来，我就放慢脚步和您多相近一会儿。

上高中了，没有想到，您当了我的班主任。我又高兴又害怕，高兴的是因为可以天天近距离地看您了，害怕的是我的心事被您看穿。所以，上高中后，我变得少言寡语。随着对您的了解，我心里更加喜欢您。您说话的声音，您活泼的动作，还有您讲起课来那种投入的神情，甚至，您生气的样子，在我眼里，都是那么吸引我。我有时听课，虽然是目不转睛地盯着您，可您讲的课，我一个字也没有听进去。因为这样，我学习退步了，于是您找我谈话，这样我又找到了一个接近您的办法，我故意不完成作业，让您批评我；我故意大冷天不增添衣服而生病，让您来问寒问暖。有时还故意在您必然经过的地方等您，为了对您说一句"老师好"，为了您单独对我点头笑一笑。

可是您却突然调走了，而且走得那么远。您一下子从我的视野里消失了，课堂上，校园里，再也看不到我日思夜想的您了。您到一个据说是非常美丽的南方小城去了。

自您走后，我根本没有心思学习了，我总是在盼望奇迹的出现，希望在校园里突然出现您的身影，可是奇迹始终没有出现。现在，很快就要高考了，但我一点没有心思，我要去找您，虽然那么远，我也要去。

怎么也没有想到一个比我小十几岁的男孩给我写了这样一封信。当然，以前也听说过类似的事情，比如郭沫若先生曾自述过他小时候对自己的表嫂有过爱慕，常躲在树丛的后面，偷看在河边洗衣的表嫂；雨果小时候在寄宿学校读书时，曾对照顾自己生活的罗茜小姐产生一种特殊的心理联想；还有心理学著述中也有对类似心理的个例分析。但真的发生在自己的生活中，还是第一次。这让我不知所措。

怎么办？高考在即，首先我要阻止他来这里，但是，用什么办法呢？给他回一封信？肯定不行，这时候的他，大概是什么都听不进去的。怎么办？

最后，我只好想出了一个下下策，用"查无此人"的办法。

我将信装回原来的信封封好，之后交给了收发室的老伯，让他对送信的邮递员说学校没有这个人，退回原地。

后来，他没有来，也许是这封"查无此人"的信起了作用？不得而知。

高考结束后，我给他写了一封长信，谈了自己对这个问题的看法，并祝他在今后的生活中寻找到属于自己的爱。他没有回信，也不知道他是否看到了我的信。

这件事情发生后，我开始注意学生中的恋师倾向，就比例来说，女生爱慕男老师较为多一些。

在我遇到的"恋师"实例中，印象最深的是她，有着一双美丽眼睛的她。

一个诗情画意的女孩。听课很认真，那双眼睛总是全神贯注的，时而还会闪过会意，泛出笑的涟漪。

有一天，我发现这双眼睛里出现了恍惚和心神不定。又观察了几天，仍然这样。

这是怎么了呢？不想贸然去问，还是先看看再说吧！

我注意到，她现在每天都很早到学校，即使不是值日生，她也会把黑板和讲台桌擦得干干净净。还有，我几次从走廊经过，都看到她在教室阳台的同一个位置，向办公室的窗户张望。后来，我到她站的那个地方，向办公室的窗户看，正好看到数学老师，他的办公桌就靠着那扇窗。数学老师？我查看了一下课表，每天的第一节都是数学课，又联想到她近来对数学的学习抓得很紧，常常到办公室向数学老师请教问题。这，也许是巧合，也许并不是，只是猜测而已吧。

一个晴朗的周末，我和文学社的几个同学一起去郊游，其中也有她。我们骑着自行车，在和煦的春光中欢笑着将城市的喧嚣抛在了身后。

"到了！"随着一阵欢呼声，孩子们扔下车，跑向那片小树林，追逐起来。他们像飞出笼的小鸟，感受着自然。

"哎！——"我大声向他们喊着，"你们听一听，树林里的声音，大自然的声音！"他们停了下来，各自靠着一棵树，静静地倾听着：轻轻的窸窣声，那是树的枝叶，在风儿的吹动下，似在诉说，似在嬉戏。时而几声微弱的"滴答""滴答"，是露珠儿滴落在叶片和花瓣上。啊，"扑簌簌"，准是鸟儿扇动翅膀在林中穿行；清脆的鸣叫，动听极了……

树林后一块高地上，是绿茸茸的草地，开着些零星的小花。我们又来到这里，躺在软软的地上，仰头看那蓝天白云。"你们能读出蓝天里云儿讲述的故事吗？"我说。他们七嘴八舌地说起来：五只神羊衔着麦穗来到人间恩泽南粤大地，白雪公主带着一群小矮人在林中采摘蘑菇，北极熊笨拙地在雪地里寻找自己的伙伴，太空人在深邃的宇宙间探索着未知的奥秘，天姥山飘然而至的乘车驾云的众神仙……

想象的翅膀将他们年轻的心载上了任由驰骋的世界，这时，我看到她的那双美丽的大眼睛又恢复了以往的明丽，闪动着喜悦。看来，大自然将明媚的阳光带进她的心里。

离开草地，我们又骑车奔向海边，远远地看见海边的天空飘动着许多五彩的风筝。走近了，看见许多人在海滩上，拉扯着手中的线绳，不停地跑动，放飞着风筝，他们身后是海天相接的一片蓝色背景。蓝天、大海、沙滩、风筝、人们，多好的诗作题材啊！于是，在他们即兴的抒发中，心情都诗意起来……

回去的路上，我和她走在一起，交流着感受。看得出，她完全陶醉在眼前的诗情画意中了，从她闪动的眼睛里我似乎读到了此刻她心里的诗。

"已经好久没有看到你今天这样的眼神了，那么清澈，那么快乐。"我对她说。

"怎么，老师，您……"她的眼睛有点儿警觉地看着我。

"以前上课时，你的眼神，让我觉得我们彼此有一种默契。可最近我发现你的眼神变了，好像有了心事，听课也心不在焉的。我不知道你生活中发生了什么。后来，我开始留意，也许是我的敏感……我觉得，你好像，喜欢了一个人。"

她脸红了，低头不语。

"我没有别的意思。只是，希望你从目前的心事中解脱出来。"

她抬头看了看我，眼里是羞涩和不安。迟疑了一会儿，她才喃喃地说："老师，我，我和您说……您，您可千万别告诉数学老师……"

"放心，我不会告诉他。"

后来，她对我说了自己的心事。

我先给她讲了几位文学名人年少时对年长异性的爱恋，并说我自己读中学的时候，也有过类似的经历，让她不必懊恼，不必有思想压力，因为，这也是青春期的一种现象。

然后我对她说："有人把这叫作'恋师情结'。老师比你们年长而且成熟，老师在他所教学科的知识方面都比你们丰富，年轻的心往往会因此被吸引而爱上老师。我曾经有个学生，她对一位男老师产生了盲目崇拜，为他的帅气，为他的口才，为他的渊博所迷恋，竟发展到难以自拔。后来她才为曾经的痴迷懊悔。但那宝贵的青春时光是再也追不回来了，而她因此失去的很多东西也追不回来了。一个人要对自己负责……"

一只美丽的风筝从我们头顶飞过，一个小男孩，紧追不舍地调整着手中的风筝线，熟练地操作着。

"看到天上的风筝了吧，风筝和那男孩手中的线，有没有让你想到点什么？"

"风筝能在天上翩翩起舞，是因为有了这根驾驭自如的风筝线。如果离开了这根线，它是不能再在天空飞翔的。"

"是啊，如果感情是风筝的话，那么理性就应该是那根看似不起眼的风筝线。如果理性的线断了，风筝就不知会飞向哪里了。"

我们就这样，边走边谈。她的情绪看来好些了，当然，感情还会有个过程，留待她自己去面对吧。相信她，会明白，会处理好。

分手时，我对她说："相信你，以后会找到属于自己的幸福。到时候，不要忘记我今天的祝福哦！"

几年后，上大学的她，带了自己的男朋友来我家。临走时，她贴近我的耳朵悄悄地问："老师，他好吗？"我也贴近她的耳朵小声说："那要问你自己哦！"

她笑了。目送着她的背影，我又想起当年她上课时的样子……没走多远，她像是突然想起了什么，孩子气地跑回来对我说："老师，是您当年的祝福给了我今天的幸福！"然后快乐地跑开了。

我的心被她感动了，望着他们两人相依远去的背影，耳边还萦绕着她那甜蜜的声音。许久，我还站在那里，在心中，默默地为她，为我亲爱的学生祝福！

4 球场边的女孩

班里的一些女孩子，常喜欢将一簇簇小花插在小瓶小罐里，装点自己的课桌。那朴素的生命，带来自然的气息，对紧张的学习生活，是一种舒缓。

班里公认最具插花天分的是肖肖。一簇小花，不起眼的小瓶小罐，经她之手，便生机盎然起来，而且还有了艺术范儿。

一日，经过她的课桌，竟发现那瓶里的花枯萎了。我说："哎，小花怎么都垂头丧气了呀？"她冲我笑了笑，但笑得很勉强，还给人一种"就此止步"的感觉。

我知道她是个自尊心很强的女孩，便对她笑了笑，离开了。

但，我心里还是放心不下。

晚上，给她家里打了个电话，和她妈妈聊了聊，看来，家里应该没什么事儿。

那是为什么呢？

我想到了李理。肖肖和李理两人的关系挺好，好到每天李理去打球，肖肖都会去球场看，打完球两人就一起回家。

无法确定，看看再说吧。

第二天放学后，我到办公室北面的窗户往外看，那里是学校的篮球场，我想看看球场边的女孩在不在那儿。一看，确实有一个女孩站在那儿，看来，我对肖肖和李理之间发生矛盾的猜测是不对的。待我正要离开窗口时，突然发现，那个女孩不是肖肖，因为肖肖今天穿的不是这样的衣服。

我马上下了楼，向校门口走去，因为会经过球场，可以确认一下。来到球场，看到那个女孩确实不是肖肖，我走了过去，站在她旁边。她看了我一眼，叫了声"曾老师"。我有些奇怪，说："你怎么知道我是曾老师啊？不好意思，我可不知道你是谁。"她笑了："我是高一的，我叫钱小倩。上次文艺会演，您手风琴拉得挺棒，就这么知道您了。还有，认识李理后，他常会和我提起您。""哦，你认识我们班的李理？""是啊，我就是来看他们打球的。""哦，那你继续看吧，我就先走了，钱小倩。""老师再见！""再见！"

回家路上，我突然觉得"钱小倩"这个名字有点儿耳熟。哦，想起来了，学校器乐比赛钢琴组第一名"钱小倩"，是她，应该就是她。

第二天，我早早地起了床，来到住宅小区里的"公园"，说是公园，其实是建小区时留下的一块坡地，后来修建成一个休闲场所。"公园"背靠郁郁葱葱的山林，我上山摘了一捧野菊，黄黄的花，绿绿的叶。

到学校时，还早。我先去了教室，给肖肖课桌上的花瓶灌了水，插上我新摘的野菊花，还用心稍加修整，哈，也不错嘛。然后我在花瓶下压了一张纸条："美好向你微笑！"

中午，我正在办公室批改作业，听到轻轻的敲门声。

"老师，那束花是您插的吧？"

"谁插的，不重要吧。"我笑着说。

"老师……"她的声音有些哽咽。我忙搬过一把椅子，请她坐下。

她坐在那儿，没有说话，泪却流了下来。

过了好一会儿，她把事情的原委告诉了我。

她和李理初中就是同班同学，那时他们没什么来往。上高中了，他们在一个班，因为是初中的同学，彼此便多了份亲近感，仅此而已。

彼此走近，是因为那次文艺演出。肖肖采纳了李理的创意，班里排演的节目在学校文艺会演中获得了一等奖。作为班级文艺委员的肖肖，自然很高兴，她邀李理放学一起走，说要请他吃雪糕。买了雪糕，他们就边吃边一起往家走。

走着走着，李理突然站住了，"肖肖，我们能不能做更好一些的朋友？"

肖肖愣了一下，"我们，我们不是挺好的吗？就像这次，你对我帮助那么大，我心里真是很感谢。"

李理盯着她问："仅仅是感谢？你，你就没有一点儿别的感觉？"

肖肖没有说话，把目光移向了别处，她明白李理的意思，但又不知怎么回答这个问题。

李理有些尴尬，后来他们就一直默默地走着，没有说话。

快到肖肖家门口了，李理终于打破了沉默："肖肖，你不知道，我有多么喜欢你，真的，我一直想对你说。"

肖肖的心"突突"跳起来，忙说了句："李理，我到家了，谢谢你，再见！"说完，急步跑上楼，回到屋里。

想着李理说的话，以往和他交往的情景一幕幕地闪现在眼前，肖肖心里产生了一种莫名的感觉，很久才恢复平静。她不禁有点慌乱，想起妈妈经常对她提出的警告，想起老师说过的一些话，想起身边同学"爱"的事儿。她终于对自己说：到此为止，不想这件事情，坚决不去想。

第二天，进教室的时候，她不敢再往李理的座位方向看，刚要放书包，发现课桌里有一封信，心一下子紧张了，马上想到了李理，忙把那封信塞进书包的最底层，而且始终都没敢抬头看那感觉中的目光。

整整一上午，她都没有听进去课，甚至下课都不敢离开教室，她生怕这封信被别人看到。总算挨到中午放学的时间。回到家，进了自己的房间，虽然父母中午是不回家的，但她还是锁上自己房间的门，从书包里抽出这封让她的心悬了一上午的、已经有些皱巴巴的信。

她把信看了几遍，从未有过的感觉弄得她不知所措。这是一封"求爱信"，她不知怎么办，不知是否应该接受这求爱。

接连几天，她都被这事缠绕着，每当她感觉到李理的目光，心就不禁慌乱起来。

后来，她接受了"做更好一些的朋友"的请求，但没有回应他信里"爱"的直白。他们相处很愉快，虽然没有彼此表达什么。但她心里开始有了一种特殊的感觉，愿意和他在一起。所以，李理每次放学打球，她都会在球场外看他打球，等他一起走。空闲的假日，他们有时还会去海边，看看大海，聊聊天。

可是，从前些天开始，李理去打球不再像往常那样招呼她一起走，而是自己拿起球就匆匆跑出教室。一开始，肖肖以为他是赶着去占球场，来不及叫自己，她就自己下了楼向球场走去。没想到，看见李理和一个女生在球场边说着话，看样子很熟悉，肖肖就没有走过去，而是远远地看着。

只见那个女孩一直在球场外看李理他们打球，时而还递个水，说个话。打完了球，女孩又和李理一起说说笑笑地往校门外走。接连几天，都是这样。肖肖心里很不舒服，不再去球场，放了学就自己回家了。

说到这儿，她又流泪了："老师，其实，我和他也没什么。虽说看到他和另一个女生关系密切，我是有些不高兴，但这不是我介意的真正理由，我真正介意的是，他打球不再招呼我，还有，我放学后不再去球场，他也不问个为什么。就像我这个人从来都不存在，好像以前的事情都没有发生。人，怎么说变就变？"

看来，如我所猜测的，肖肖的心事是因为李理。

"肖肖，别难过了，我理解你的心情。说实话，看到开朗快乐的你，心情一下子变得那么糟糕，我很担心，真的很希望自己能帮助你从坏心情里走出来。今天你来和我谈心事，很感谢你的信任。你和李理的事情，我觉得你还是比较理智的，没有随便接受他的求爱，而只是答应'做更好一些的朋友'。但你想一想，这段时间的接触，感情是不是有所变化了呢？比如你刚才说，你和他也没什么。但你对他和别的女生交往的在意，已经不像你说的'没什么'了，你喜欢他的感情里已经有所谓的'爱'了。我曾经和你们讲过'友谊和爱情的区别'，其中很重要的一个区别就是，友谊没有排他性，但爱情是有排他性的。当然，爱也无可指责，青春期的你们大都会经历这样的感情，关键是，如何去面对这感情。你刚才说，'人怎么说变就变'，其实，'易变'正是你们这个年龄期感情的一个特征，即不稳定性。明白这一点，会有助于你对李理的了解。我想，无论'爱'还是'不爱'，同学情谊都还在，心胸开阔些，把彼此的关系处理好。我想，这事儿，我也不必说太多了，相信你应该能解决好的。"

我们又谈了一些有关学习生活，还有班里的事情，她的心情不再那么糟糕了。临走时，她认真地对我说："老师，你放心，我知道自己该怎么做。"

下午放学后，我把李理留下来谈话。

"我发现肖肖这几天情绪不好，你注意到了吗？"我问。

"没。"他的眼睛躲闪着。

"球场外看你打球的女生，原来是肖肖，现在是另外一个女生了，这你知道吧？"

"哦，哦，我……"他开始支支吾吾了。

后来，他不再掩饰。先把他和肖肖的事情简单说了一下。之后说，一次偶遇，认识了钱小倩，觉得她特可爱，挺喜欢她，就开始来往，然后就疏远了肖肖。

"老师，您，您说我该怎么办？"

"怎么办？我无法给你一个回答。我只是想问你，如果以后，你遇到了一个张小倩，你很喜欢，再以后遇到了一个李小倩，你又很喜欢……那你到底喜欢哪个呢？当然，你可以有选择，但选择和随意地'爱'、随便地表达'爱'是不一样的。当初，你喜欢肖肖，并向她表达了你的'爱'，但没多久，你遇到了钱小倩，又喜欢了她。作为老师，我不会干涉你的私人感情，我也不会干涉你的选择，但我不能无视你的随意和随便。关于爱情，我和你们不止一次地谈及她的神圣美好，今天，我仍然要强调这一点。'神圣'是不能冒犯的，需怀敬重之心；'美好'是不能亵渎的，需有珍爱之意。爱情不是随随便便的感情，不能随随便便地对待。知道吗？"

他小声回答说："知道。"

"还有，你喜欢，或者说，你爱，我都能理解，青春期情感的不稳定，我也可以理解。也正因为理解，希望你以后不要随意地表达爱。心里喜欢就喜欢了，但以爱的名义向女孩求爱，还是不要那么随便。好吗？"

他点了点头："对肖肖，我现在想想，真是很对不起。"

"肖肖是你同学，是你朋友，她很信任你，但是你呢？咱们不说爱情，就是同学情、朋友情，你这么做，也是一种辜负。"

他抬起头，看了看我："老师，我知道了。"

我又说："以后你成年了，进入社会了，在爱的表达上也要慎重，要有起码的责任感，不要随便。当然，要做到这一点，你心里要真正对爱情心怀敬重和珍爱。好了，我相信，成长中，你会成熟起来，也会懂得怎样去追求爱情。"

后来，从肖肖那里知道，他主动向肖肖认错，道歉，希望得到原谅。肖肖告诉我，她必须尊重自己的感情，她可以原谅李理，但不会和他有超越同学情感的关系了。这是她的决定，我想，是明智的。

5　拳头背后

"老师，张卫和周明打起来了，我们拉也拉不开！"一个学生气喘吁吁地跑来告诉我。

他俩居然动手打起来了？这让我感到意外，赶紧向打架现场跑去。

远远地，学校体育馆楼下，两个人正厮打在一起，拳打脚踢，嘴里还出言不逊。我边跑边喊："住手，别打了！"但他们并没有在我的厉喝声中停手。一直等我到了跟前，几个随我一起赶到的男生才把他们强行拉开。

"有什么事不能解决，非要打架？"看着这两个高出我一头的男孩，我按捺不住，大声地问他们。

"您，您问他好了。"周明狠狠瞪着张卫，气鼓鼓地说。而张卫转过身，用手揉着胳膊，没出声。

"看看你俩成什么样子了？"这两人真是不像样了，弄皱的校服，还有蓬乱的头发，"把衣服整理好，去洗手间洗洗脸，弄好头发，再回教室。"

放学后，我把他们两个都留了下来，询问打架的缘由。

一开始，两个人站在那里都不开口，后来分别问，才清楚了其中的原因。

周明和艾洁一直很要好，他们俩的父母是朋友，两家来往比较密切。但最近这几天，艾洁突然不理周明了，周明觉得很奇怪，几次找她想问个明白，但她总是扭头就走，还扔下一句话：虚伪。周明实在不明白，自己怎么虚伪了。他父母发现了他的闷闷不乐，问是怎么了，他就说了。之后，他父母去艾洁父母那儿了解，这才知道，有人告诉艾洁，男同学和周明开玩笑，说他和艾洁是天生一对，但周明却不屑一顾地说：我才看不上她呢！

他父母了解了情况后，回到家把周明狠狠骂了一通，还让他去向艾洁道歉。周明说，自己没说过这话，绝对没说过。随后，周明就直奔艾洁家，讲明自己从来没说过这话，还要和编了这通瞎话的人当面对质。艾洁父母还是相信周明的，毕竟是从小看到大的，后来就追问了女儿，了解到是班里的一个叫张卫的同学说的。

于是就发生了这次的打架事件。

打架原因知道了，可张卫为什么要无事生非挑拨周明和艾洁的关系呢？我让周明先回去，把张卫留了下来。

一开始，他怎么都不吭声，在我再三追问下，才吐出一句："我喜欢艾洁。"

我明白了。他是为了一个自己喜欢的女孩，为了从和她要好的男孩那儿抢到她。看着眼前这个十六岁的男孩，半晌，我没有说话。

问题是严重的。十六岁，如花的季节，对爱的追求应该是美好的，怎么可以用如此的手段来达到自己的目的呢？编造事实，挑拨关系，这所谓的"喜欢"或所谓的"爱"，已经丑陋，甚至是卑鄙了。这已涉及人品、道德了。

大概是因为我没说话，他显得有些紧张，不停地在那儿搓手。

考虑到他的问题虽然严重，但还是老实说了事情的原因，我冷静了一会儿对他说："你能和老师说实话，这是我还能相信你的理由，也是你能改正错误的一个好的开头。今天我就不说更多的了，还是你回去自己先好好想一想，这事情严重在哪里。你想好以后，再来找我谈。"

第二天，下了语文课，他在走廊里递给我一封信。

回到办公室，我打开了信。

曾老师：

昨天，从您的表情中，我看出自己犯了一个让您难以原谅的错误。

后来回到家，我想了很多，也想了很久，这是我从小到大第一次这样认真地思考自己的过失。将心比心，我想，如果我是周明，那我会怎么样？

老师，如果现在周明来打我，我绝不会还手，绝不会。因为，我的错误应该受到惩罚。

　　我一直很喜欢艾洁，可是她总是和周明在一起，我心里挺不是滋味，心里很烦。有几次想和她接近，但也都因为周明而没能做到。所以，我从心里对周明产生了一种敌意，心想，我要打败他，我要让艾洁接受我，属于我。

　　那天放学，周明在教室里出板报，艾洁就自己先走了。这是个机会。我跟在她后面，见她快到校门口了，就赶了几步，上去和她搭话。当时心里只有一个想法，让她讨厌周明，只有这样，我才有机会。于是，我就编了一个谎话，目的就是激起她对周明的反感，果然奏效，她特别生气。一路上，她也没再和我说话，我也挺扫兴的。事后，我也有点担心事情败露，心里有些后悔，但看到他俩不在一起了，心里又有种说不出的高兴，觉得自己还是有希望的。没承想，事情没几天就败露了。

　　我现在知道自己错了，我不应该编造谎言，不应该挑拨。

　　老师，您能给我改过的机会吗？

您的学生　张卫

　　读了信，觉得他还是有诚意的。

　　放学后，我请他留下。校园，一个僻静的地方，我俩坐了下来。

　　我先肯定了他的认识是诚恳的。之后，我态度严肃地跟他说："无论是爱情，还是其他事情，一个人可以为达到目的而付出努力，但不能为了达到目的而不择手段。所谓的不择手段，那就是什么事儿都做得出来，不按规矩，没有道德。一个人不择手段，可能会一时得逞，但有时也未必，因为有可能被识破，那就'偷鸡不成蚀把米'；而即便得逞了，也有可能日后败露，那他必然声名俱毁。这是从客观后果来看。而从自身的道德角度来讲，一个人倘若能够为达到目的而不择手段，那他就完全没有了做人的底线，那就是道德自毁，成了我们平常所说的'坏人'了。结局一定是孤家寡人，在生活中不会有真正的朋友，倾心的爱人，在工作上也不会有愿意和他合作的伙伴。因为，没有人会愿意和'不择手段'的人为友、为伴、为同事的。"

接着，我和他具体谈到感情方面的问题。

"你喜欢上一个女孩，这原本是一份美好的情感，但你却用不美好的方式亵渎了自己的情感。你看，现在的结果，是你想要的吗？"

他摇了摇头。

"爱是不能欺骗的。欺骗一个你心里喜欢的女孩，即使你让她接受了你，或者她后来也没有发现你的欺骗，可以说，你达到目的了，但这所谓的爱，你觉得美好吗？你的心能踏实吗？建立在虚假根基上的情感，有可能牢固吗？它只会像一个看起来美丽的肥皂泡，会破灭、会消失的。再说，这也根本不是爱了，这只能说是一种占有欲，以占为己有来满足私欲。知道吗，真爱一定是诚实的，一定是不欺骗的。换位想一想，你会喜欢一个爱撒谎爱弄虚作假的女孩吗？肯定不会。既然这样，你想得到自己喜欢的女孩的爱时，也必须诚实地面对她。"

"嗯。"

"今天的谈话，我说了两个问题，一是不择手段不可取，二是爱要诚实。希望你能吸取教训，也希望你好好想想我说的这些话有没有道理。"

后来，我和周明、艾洁也做了有针对性的谈话。

周明的问题是，遇事不冷静，用"拳头"解决问题。近些年，校园暴力事件时有发生，相当一部分和情感纠葛有关。我对他使用武力解决问题的做法，做了严肃的批评，他诚恳接受了，还表示不会再这样莽撞了。

艾洁的问题是，轻信和赌气。照理，她和周明从小一起长大，也算青梅竹马了，信任感是应该有的，怎么别人的一句挑拨的话就相信了呢？至少也应该对别人的传话核实一下，而不是怄气啊。看来，她的小性子让她失去了辨别力。和她谈话时，她也承认在这件事情上，自己做得很不对。

在两个人的关系处理上，我也谈了一下自己的看法："因为父母都是朋友，所以你俩从小就一直很好，也可以说是青梅竹马吧，但你们在长大，彼此的感情和儿时会不一样，会有变化。面对这个变化，你们是否有足够的心理准备，这个问题你俩是需要考虑的。我的建议是，等你们的心智成熟起来，再考虑彼此的情感能否发展到爱情。现在你俩总是形影不离的，我觉得不太合适，应该给彼此一定的空间。如果走得太近，疏离了同学、集体，无论对你们彼此情感的增进，还是和同学友情的发展，都不会有益处。人生不仅有爱情，还有友情、亲情，缺少了什么，都会是人生的缺憾。对我的建议，你俩回去都好好想想，要是有什么想不明白的，或者有其他想法，随时可以找我，我愿意和你们一起探讨。"

几天后，张卫主动向周明、艾洁道了歉，得到了他们的原谅。

周明和艾洁，也听取了我的建议，虽然两人关系仍然相处得很好，但不再像以前那么总黏在一起了。当然，这期间，我一直没有中断和他们的交流探讨，毕竟，青春期孩子的情感问题，并非一次谈话就能解决的。

后来，上大学了。几年后，他们带着各自的男友和女友，开开心心地一起来看我。我不禁心有感慨，又想起当年他们的故事。

再后来，他们都组建了自己的家庭，有了孩子。而他们，依然是很好的朋友。我想，他们以后的孩子，是不是也会重复相似的故事呢？如果是的话，他们应该知道如何引导自己的孩子了吧。

6 天真的遭遇

学校一年一度的歌咏比赛，进入最后阶段，由评委宣布比赛结果。

"独唱组，第一名，高三（三）班，韩钢。"话音刚落，坐我旁边的向平平就兴奋地站了起来，可能意识到自己失态，又坐了下来。

比赛结束后，同学们蜂拥着走出礼堂。我走在后面，见向平平不紧不慢地向门口走，到了门口，她停住了，不停地往礼堂后台那儿张望，像是在等人。

我回办公室拿了手提包，匆匆向校门口走去。看到前面走着的是向平平，在她旁边走着的是一个高高的男孩，他俩挨得很近，热烈地谈着什么。待那男孩转脸的时候，我认出来，他是今天歌咏比赛独唱组第一名的韩钢。哦，怪不得向平平那么开心，原来他们认识。

一天中午，我到教室有点儿事，看到韩钢在我们教室门口，之后向平平就出来了。两人拿着饭盒，很亲昵地向食堂走去。

我找了一个适当的时候，问了向平平一句："那个歌儿唱得很棒的韩钢，是邻家哥哥吗？"她看了看我，有些抵触地说："他是我表哥。"我就没再问，虽然心有疑惑。

一天晚上，她妈妈打电话来，问我是否学校有活动，我说没有。她说向平平到现在还没有回家。我听了很担心：她会到哪儿去呢？我突然想起韩钢，就说："她是不是到她表哥那儿去了？"

"表哥？"电话那端传来疑惑的声音，"她哪儿来的表哥啊？"

我意识到自己的话可能会给向平平带来麻烦了，忙说："哦，我记错了，我把别的同学的事记她身上了。对不起，您别介意。"

之后，我马上拨通了韩钢班主任的电话，打听到韩钢家的电话号码，电话打过去，韩钢不在家。估计向平平是和韩钢在一起，那就再等等看吧。果然，过了半个多小时，她妈妈打来电话，说她回家了。

第二天，她没有来上学，她妈妈来电话，说她病了。

上午，课一上完，我就骑车去她家了。

只有她一个人在家，父母都上班了。

"平平，好些了吗？去没去医院？要不要我陪你去看病？"

"不用。没什么，就是有点不舒服。"她声音里带着哽咽。这时，我注意到她红肿的眼睛，又发现她胳膊上有瘀青。忙拉过她的手问："这是怎么搞的？摔的，还是撞的？"她使劲摇头，突然，她一下子扑到我怀里哭了起来。我突然想到，她可能是挨打了，"谁打你了？"她哭得更伤心了，身体还在不停地发抖。

我心想，是不是和我无意中提到"表哥"有关？她妈妈说没有表哥，是不是因为这事儿呢？

"平平，昨天你妈打电话来找你，我想，你可能和表哥在一起，就顺口说了一句，是不是因为这个，给你惹麻烦了？那我对不起了。"

"不，老师，是我对不起您，我对您说谎了。您，您别生我气。"她抽泣着，"我，我们……"

"别哭了，老师哪能和你生气呢？别想那么多。"我给她擦去眼泪，"还疼吗，我们去医院看看，好吗？"她坚决地说："不，不。"

待她慢慢冷静下来，我知道了事情的原委。昨天他父亲再三逼问她，谁是表哥，她始终不肯说，才招致了这顿打。

后来，她跟我讲了她和韩钢的事。

他们是在公共汽车上认识的。一次，她上车后照例找了个后面的位置坐下，眼睛看着车窗外，心里却想着考试的事。不一会儿，她感到被一道目光直视，转头看去，和一个陌生男生的目光相遇了。她忙转过头，继续看着窗外，但心里却怎么也平静不下来了。到站了，她低着头急匆匆地下了车，向家里走去。身后有急促的脚步赶过来，和她并排了。一看，是他，就是那个在车上注视她的男生，看他穿的校服，原来和自己是一所学校的！

"你走得好快呀！"他搭讪着说。想不到，他的声音那么好听。她心里原有的反感一下子没了踪影，刚到嘴边的冷冷的话也咽了回去。但她仍然没搭腔，而他也没有像有些男孩那么随便，一和女孩搭话就直奔"交个朋友"之类的主题。他像是在和一个熟悉的人交谈，谈吐中不乏幽默。这让向平平对他有了好感。就这样，他们交往起来了，再后来，他就在一次晚自习后送她回家的路上，向她表达了自己的"爱"。从此，她再也离不开他了，整日沉浸在自认为的"爱情"中。可最近，韩钢常常借口学习忙而不来接送她了，但她却每天都在思念他。昨晚，她下了晚自习，到他班里找他，却看到他正和一个女同学聊得起劲。当他发现了站在门口的向平平，就走了出来。

"你怎么来了？"

"好几天没见你，不知道你怎么了。"

"我能怎么了？我这儿现在正忙呢，你走吧！"

"你……"她没再说什么，转身走了，而他也没有追过来。

她走到校门口的一棵树下，看着韩钢他们班教室里的灯光，心想着，等他出来一块儿走。终于，那间教室的灯灭了。没多久，韩钢推着自行车和那个女孩走了出来，出了校门，韩钢跳上车，那个女孩随后跳上自行车的后座。原本，那是自己的位置啊！她心里好难过，一个人走到海边，在那里默默流泪……

从向平平家回来，我决定，找韩钢谈谈。

晚自习下课前，我来到韩钢班的教室门口，教室里很安静，同学们都在埋头学习，只有韩钢在教室后排和一个女生窃窃地说话。下课铃响了，他和那个女生走了出来，我叫住了他，他很诧异，我就说了句"我是向平平的班主任"。他大概意识到了什么，就对那个女孩说："你先走吧。"

我和他一起来到办公室。坐下后，我把向平平的事情对他讲了，可他听完就站了起来，说了句："我可以走了吧。"

只要他对向平平流露出一点关切，我都可能会原谅他，可是，他的反应，却好似我在讲一个和他毫不相干的人的事情，冷漠的表情和不耐烦的态度令我心里不禁感到一阵阵的战栗。一个才十八岁的男孩，是什么把他的心腐蚀成这样，连做人起码的同情、关爱都没有？看着眼前的这个年轻人，我忽然为教育感到悲哀。我按捺不住内心的气愤，回答说："你不可以走。"也许，他感到了我话里的威慑，坐了下来。

我直视着他，可他把目光移开了，还做出一副满不在乎的样子。

"我是向平平的老师，可以说，我是她在学校的监护人，我有责任爱护她。作为高三年级的学生，你已年满十八岁，是应该对自己的行为负责了。所以，我和你的谈话是严肃的，希望你能够认真对待。"听到这几句话，他的头低了下来。

"在你们的事情中，向平平当然也有一定的错误，那就是她的轻信，她的幼稚，让她接受了你的所谓爱。而你欺骗了向平平。即便这样，她仍然对你很仁义。为了保护你，她宁肯挨父亲的打，也没有说出你的名字。你应该知道，如果他父亲知道了你的名字，找到学校，会是什么后果？我不想说更多，以你这个年龄，应该明白这件事情给向平平带来的伤害。请你以后不要再打扰向平平，不要再欺骗她。希望你做到。最后，我以年长者的身份给你一个忠告：对感情随意而不负责任的人，最后他将一无所有。好了，现在你可以走了。"

这件事情发生后，向平平变得沉默了，不再有往日的快乐。看到她这个样子，我心里非常难受。看来，即使在校园里，即使在涉世不深的中学生中，也有世俗污垢的侵染，韩钢的个例，便很能说明问题。而许多年轻学生，单纯的心灵却并不具备防范的意识。

一个星期天的早上，我约向平平一起爬山，当我们登上山顶，俯视山下市区的风景时，我觉得她的心情好多了。

"平平，我读中学时，曾和一个好朋友一起登上山顶畅谈理想，她说想要当个舞蹈演员，你猜，我的理想是干什么？你呀，肯定猜不到。"

果然，她猜了十几次都没猜到。

"还是我告诉你吧，我想当乒乓球世界冠军。"

说完，我就笑起来。她也笑了："老师，真没看出来，您还喜欢打乒乒球。"

我们由乒乓球谈到理想和现实，谈到学习、生活。后来我就和她谈起令她伤心的这件事。

"向平平，事情已经过去了，从成长的意义来说，沉浸在痛苦中，只会使自己失去未来。你应该从这件事情里，吸取教训。就像我们今天爬山，如果爬的过程中摔了跤就不再爬了，那还有登上山顶的快乐吗？摔了就爬起来，以后当心就是了。你说呢？"

"嗯。"

"同样的道理，你和韩钢的事情，不应该影响你对未来爱情的向往，不应该影响你现在对生活的热爱。你应该做的，是吸取教训。"

"老师，这事儿，我错了。我不应该随便相信一个自己并不了解的人。"

"具体说说看。"

"因为，因为我还不懂爱，不懂看人。《小王子》里说，要用心看，但我没有……"

"是啊，要用心去看，要在懂得爱的时候去爱。这件事的开始，他是主动者，而后来，你轻率地接受了他。照理，上下学，你们同路而经常碰面，聊聊天说说话，倒也没什么，你完全可以在保持一定心理距离的前提下和他交往，把握好交往的分寸。这样的话，他即使想与你深入交往，也不会达到目的。可以说，也是你给了他一个进入你情感世界的机会，导致今天的受伤。我这样说，可能有些让你难以接受，但你仔细想一想，我的话是不是有道理呢？"我又接着说，"我们奉行不去伤害别人的原则，但并不意味着我们不应该用自己的智慧去保护自己。你把自己的感情给了他，给了一个你并不了解，一个可以说对你也并不十分了解的他，这能说你对自己的感情负责，能说你懂得保护自己吗？"

"老师，您说得对，我能接受。"

"轻率是你的错误，感情上是轻率不得的。爱一个人，那是你心中多神圣的感情啊，你必须把她给予一个懂得珍惜的人。而要做到，首先你要懂得珍惜自己心中的爱，而不是随随便便付出珍贵的爱。以后，当你懂得爱，懂得用心去看的时候，你就会感受到，把爱给予一个值得你爱的人，是多么幸福啊。"我将她被风吹乱了的头发理了理，"平平，爱情是美好的，不要因为这件事影响你对爱情的美好追求。"

她点了点头。

"还记得我给你们读过的普希金的诗《假如生活欺骗了你》吗？"

"记得。"

"假如生活欺骗了你，/ 不要忧郁，也不要愤慨！/ 不顺心时暂时克制自己，/ 相信吧，快乐之日就要到来。我们的心儿憧憬着未来，/ 现今总是令人悲哀，/ 一切都是暂时的，转瞬即逝，/ 而那逝去的将变为可爱。"

先是我读，后来，她也跟着一起读起来。

7 爱情在招手

"爱情，来了吗？"

"这是不是爱情？"

这应该是很多少男少女对青春情感的追问。

"来了"还是"没来"，"是"还是"不是"？应该说，答案并没有这么简单。

实际上，对青春期的"爱恋"，我更愿意用另一种方式去表述：那是爱情在招手。

那美好的爱情，远远地，向青春的你，招手。很诗意，也更有画面感。爱情与你，有着距离，你能看到她，但，并不清晰，你在向她走去，但，并不能一蹴而就。距离，产生了美，又何尝不是在告诉你，走向美，拥抱美，需要时日。

还记得《小王子》里的这句话吧：

"花朵是如此的天真无邪！可是，我毕竟是太年轻了，不知该如何去爱她。"

春天里的这一朵朵的小花，校园里的这一个个"爱情"故事，是不是就是像小王子说的呢？

诗人赫塞曾谈及自己的青春"恋情"。在学校的最后一年，他暗恋上一位可爱女孩，于是，"……完全像做梦一样，品尝初恋的甜美悸动，也深为所苦。另一方面，像恋爱般的音乐，让我兴奋得夜不能寐。当时，我捕捉住浮上心头的旋律，试着写出两首短歌，虽觉有点不好意思，但整个身心浸透着一股快感，几乎忘掉恋爱的烦恼"。

美好的感觉！可是，没过多久，他的感觉就完全不是这样了。

"不久，听说她去学声乐，很想听听她唱的歌。过了几个月，我的希望总算达到，那是傍晚时分在我家餐会上。可爱的女孩被要求歌唱时，虽再三推辞，结果还是不得不唱，我怀着异常紧张的心情等待着那一刻的到来。一位绅士用箱型的小钢琴为她伴奏，两三小节的前奏奏出后，她开始歌唱。唉！她的歌声实在难听，难听得使我不得不为她感到悲哀。在她歌唱时，我曾有过的烦恼和困惑变为了同情，然后是沉默。此后，我心中对她的恋情便荡然无存而归于平静和舒坦。"

为什么仅仅是一次"歌唱"，这"爱"就消失殆尽了呢？你也许会说，他的感情也太易变了。事情真可以这么简单地去看吗？

我们不能否认他原来"爱的感觉"的美好、真实，他的变化，也不是移情别恋，而仅仅是女孩的歌声实在太难听了。难道，"爱"就如此不堪一击？

我想，其问题在于，当初的"爱"仅仅来自他对女孩外在容貌的美好印象，这印象在他心里由于"爱"的幻化，几乎成了完美。而那难听的歌声，则将这一切破坏了，他心里的完美形象，瞬间坍塌了。在他眼里，女孩不再是自己曾经想象中的那般美好，于是，"爱"就变了，曾经的激情归于平静，乃至消失。

不禁为那个女孩庆幸。赫塞还只是暗恋，并没有向她示爱。如果他向那个女孩表露了心迹，或进一步提出爱的要求的话，那么，后来因那难听的歌声而导致心中的爱恋荡然无存时，他又将怎样面对这个女孩，而那个女孩又将怎样面对因此而带来的困惑和难过呢？这时，他面对的已不是自己一个人，他还要面对这个女孩，事情就复杂起来了。当然，事实是，赫塞没有示爱，他避免了一次麻烦，女孩也幸运地躲过了一次无谓的伤心。

赫塞年少时的这段短暂的"爱"，你们可能会觉得很好笑，其实，青春期这样的"爱"，并不少见。那种怦然心动，目光追随，手足无措，时刻牵挂，甜蜜美好，甚至由此而导致的心事重重……都因为心中喜欢的那个人。这种喜欢，不同于对周围其他人的喜欢，不同于青春期之前对异性的喜欢，完全不同。这种喜欢，更应该说是爱慕，被一种说不清楚的欲念牵拉着。如宋人郭印诗云，"情窦欲开先自窒，心田已净无须锄"，意思是说，这时的感情如同含苞欲放的花蕾，羞涩而腼腆地将艳丽的花瓣紧紧地包裹在一起，而伴她生长的环境亦是一片纯净而无杂草的沃土。少男少女情窦初开的情景，是不是很美好呢？但，这时的爱慕，毕竟是还未绽开的"花蕾"。

"花蕾"般的爱，不仅是青春期情感的普遍状态，也是很多人都会经历的一种"爱"。这情感的纯洁美好，让年轻的心在悸动且烦恼的过程中，体验了"爱"的滋味，这对成长来说，是一段重要的经历。但是，我们也应该知道，青春阶段尚不成熟的心智决定了"爱"的情感是稚嫩的。就像正在蹒跚学步的幼儿，走不稳，跌跌撞撞的，但这也是行走，是学习中的行走。所以，对待这个时期的"爱"，应该像守护学步的幼儿一样，要好好呵护，疏忽不得，冒失不得，也轻率不得。在"学步"中懂得爱，这是成长过程中的一个重要课题。

既然这样，那就不要"爱"了吧。哈，这可不是要不要的事情。一个人进入青春期，"爱"的意识，是自然地发生，没有谁能够阻止，就像我们不可能不让春天里的草儿发芽是一个道理。试想，遇到一个喜欢的男生（女生），那种心动，你能阻止它发生吗？当然不能。但，不能阻止它发生，并不意味着，你可让它任性，你必须面对它，有所思考，有所约束。这样的青春情感，才能留给未来以美好的回忆。就像《柳眉儿落了》中的他和她，经历着美好的稚嫩的"爱"，却果断止步于理性的爱的思考，给彼此留下了一份永远的美丽的青春情怀。

那么，再回到我们开头的问题：

"爱，来了吗？"

"这是不是爱情？"

你，是不是有了自己的答案呢？

四

欲　念

正如暴风雨的前奏是一阵海啸一样，这狂风暴雨似的巨变也用了一阵日益增长的欲念的低鸣宣告它的来临，一种暗暗无声的骚动预告危险即将到来了。……

——卢梭《爱弥儿》

1 欲念苏醒了

当青春的情愫引起你心底的发问，你的烦恼便油然而生。

在这样的感情状态中，你最需要的是"想"，而不是"虑"。

比如，你先想一想，为什么青春期之前，没有这样的感觉？

还有，现在的自己，有了怎样的变化？这变化来自哪儿？

我给你们读几段文字吧：

"她是圣洁的。一切欲念在她面前都会沉默无言。每当我和她在一起的时候，我都不知道自己的心境如何，仿佛所有的神经和官能都错乱颠倒了。"

这是歌德在《少年维特的烦恼》里描写的维特和他喜欢的姑娘绿蒂在一起时的心理独白。

面对自己喜欢的姑娘，维特为什么觉得自己"所有的神经和官能都错乱颠倒了"呢？

"……完全像做梦一样，品尝初恋的甜美悸动，也深为所苦。另一方面，像恋爱般的音乐，让我兴奋地夜不能寐。当时，我捕捉住浮上心头的旋律，试着写出两首短歌，虽觉有点不好意思，但整个身心浸透着一股快感，几乎忘掉恋爱的烦恼。"

这是赫塞在《青春的歌里》对暗恋女孩写下的感受。

"甜美悸动""夜不能寐"……这种感觉，怎么会发生？

"谁能禁止这种奇妙的感情突然出现呢？总有一天男青年会忽然听见

在他心底响起的一种最甜蜜、最温柔的音乐。这是青春苏醒了，这是存在的庄严召唤、生机勃勃的人的本质的召唤。这是纯洁的、少年的初恋。"

瓦西列夫在他的著述《情爱论》中这样说。又何止是男青年，女青年也这样啊。

"青春苏醒了"，是什么将它唤醒？

为什么？怎么会？是什么？

几个问题，来自一个答案：青春期的你，性意识苏醒了！

青春期之前，你可不是这样的。"郎骑竹马来，绕床弄青梅。同居长干里，两小无嫌猜……"李白《长干行》里的这几句诗，写的就是男孩女孩天真无邪在一起玩耍的情景。男孩胯下一根竹竿，像骑着奔跑的马儿，追逐着绕床躲避的女孩。在儿时，你们都经历过，也被"青梅竹马"简而言之。

可现在呢？现在，完全不一样了。你们再也回不到当年这样的"两小无猜"的心境中去了。

因为，你们有了性意识。

进入青春期的你们，生理和心理都发生了变化。生理上，你的身体有了第二性征；心理上，你会感受到自己有了一种莫名的"欲望"。生理上的变化，使你们从以往只有"第一性征"的小男孩小女孩成熟为男人女人；而心理上的变化，是你有了"性意识"，"性欲"在萌动。上面我读的那几段文字里所描述的心神不定，甜美温柔……都是因为"性"。

要知道，"性"让你的生命有了和以往不同的美好。

英国有位著名的性心理学家霭理士，曾对青春期写了一段很诗意的话："我们总得明了，'春机发动'中所指的春机，不但指一种新的生理上的力，也指一种新的精神上的力。……在春机发动期内，理想的世界便自然会在男女青年的面前像春云般地开展出来。审美的神妙的能力、羞恶的本性、克己自制力的天然流露、爱人与不自私的观念、责任的意义、对于诗和艺术的爱好——这些在这时候便都会在一个发育健全、天真未失的男女青年的心灵上，自然呈现……"

看那春日的蓝天！你心中的理想便是那天空里的云朵，纯净、自由、舒展……想象你躺在绿色的草地上，看着美丽的天空，心驰神往，那是怎样的感觉？这就是年轻的你的心态，对理想憧憬的心态。这时，周围的一切，都神奇地变了，变得有了魔力，唤起你好奇和感性的魔力；你的性情开始明朗地不加掩饰地流露了，但也会意识到克制力的必要；你心里涌动的爱，开始让你变得忘我无私，而在责任面前你也开始了思考，文学和艺术就在这美妙的时期，给你心灵以美好的浸润，让你追求和热爱……这些，在你年轻的心里，呈现着如此的美好！

还记得《柳眉儿落了》里面的描述吗？"她的出现，仿佛为他打开了一扇窗，使他看到生活中还有其他的色彩。""随着和她的接触，他发觉自己的感觉渐渐变得敏锐起来了。雨后的大树，阳光下的草地，微风中的泥土味儿，还有那舒展的云，辉煌的落日……所有这一切都深深震动着他，使他感到有种不可言传的美。他的心中逐渐洋溢起生活的温情。"

多美好！

青春的你，意识到了吗？那心中的美好，源自青春的"性意识"。

同是蓝天，绿地，孩童时的你，是不会有这样的感受的。

是的，"性"让生命有了以往不同的美好。

可你还应该知道，"性"还有另一面，它让你在一种莫名的骚动中，难以把持和控制。用文学性的话语说，它像一只"小鹿"，会在你心里乱蹦乱跳。当然，它的活泼好动，有它可爱的一面，但是，它的不管不顾，也会闯祸，不计后果。倘若让它任性起来，不加控制，那就会惹大麻烦，让你失去理智，让你德行全无。"小鹿"便不再可爱，而露出"小兽"的动物本性，为所欲为。

而在你"两小无猜""青梅竹马"的年龄阶段，心里是没有这只小鹿的呀。

确实，现在的你，不一样了。

你的内心开始从未有过的敏感、丰富、激情、美好……同时，你内心也会有不安和骚动……

不一样了！这是怎样的不一样呢？

用法国启蒙思想家卢梭的话说：你"第二次诞生"了！

诞生？是的，诞生。"第二次诞生"！

卢梭在他的《爱弥儿》——世界教育哲学史上堪称划时代的作品中，这样写道："我们可以说是诞生过两次，一次是为了存在，另一次是为了生活……"

我是非常赞同他的"二次诞生"说法。

第一次诞生，你从母亲温暖的身体降临世界，在响亮的哭声中，宣告了自己作为生命个体的存在；第二次诞生，就是你进入青春期的时候，你以自己生理体征和心理性情的变化，无声地向世界告知：我将开始生活！

这第二次诞生，意味着你与曾经的自己——"小男孩"或"小女孩"，再见了。

从生理意义上说，你已开始"成年"，成为男人或女人。

但从心理意义上说，你们还"未成年"。处于幼稚期向成熟期的过渡阶段，你们还难以担当起"男人"或"女人"的责任。一句话，你们必须清楚地认识到心理相对于生理是"滞后"的。

知道吗？第二次诞生，衔着"性"的种子，让你开始生命的新旅程：生活。之前，自然之神把这粒种子藏在了一个隐秘的地方，到了你应该可以懂得爱护它的时候，到了你可以有基本的判断和决定的时候，才郑重地交给了你。这意味着什么？意味着信任。"第二次诞生"，即青春期的来临，意味着信任：自然之神的信任。而你们，是否意识到，应该不负信任呢？

所以，当你庆祝自己这新的"诞生"，就应该开始认真思考如何不负这信任。

这"第二次诞生"随之而来的，就是你们面临一个从未有过的新问题：遇到自己喜欢的他或她，你想"爱"了。

"爱"是美好的。

性，是性，给你带来爱的欲望。

这欲望，如我前面所比方的，它如同一只蹦跳的小鹿，顽皮地东看西看地寻找爱情。它并不明确寻找的方向，只是好奇心驱使，再加上心中的向往，便勇敢地凭着感觉去牵"爱情"的手。可它其实还不知道，"爱情"不是简单的"喜欢"，不是简单的"手拉手"，更不是随心所欲。期间，它的顽皮、好奇、向往、勇敢，无可指责，但它任性，无所顾忌，那就糟糕透了。因为，任性、无所顾忌会把原本美好的爱，搞得一塌糊涂，甚至完全与美好的意愿背道而驰。

　　面对这只"小鹿"，你，有心理准备吗？

2 爱欲的奇迹

性，不仅仅带来爱的欲望。

它和爱，还会有奇迹的发生。

一首美丽的诗，泰戈尔的《开始》，会告诉你这奇迹。

"我是从哪儿来的？你，在哪儿把我捡起来的？"孩子问他的妈妈说。

她把孩子紧紧地搂在胸前，半哭半笑地答道——

"你曾被我当作心愿藏在我的心里，我的宝贝。

"你曾存在于我孩童时代玩的泥娃娃身上；每天早晨我用泥土塑造我的神像，那时我反复地塑了又捏碎了的就是你。

"你曾和我们的家庭守护神一同受到祀奉，我崇拜家神时也就崇拜了你。

"你曾活在我所有的希望和爱情里，活在我的生命里，我母亲的生命里。

"在主宰着我们家庭的不死的精灵的膝上，你已经被抚育了好多代了。

"当我做女孩子的时候，我的心的花瓣儿张开，你就像一股花香似的散发出来。

"你的软软的温柔，在我青春的肢体上开花了，像太阳出来之前的天空里的一片曙光。

"上天的第一宠儿，晨曦的孪生兄弟，你从世界的生命的溪流浮泛而下，终于停泊在我的心头。

"当我凝视你的脸蛋儿的时候，神秘之感湮没了我；你这属于一切人的，竟成了我的。

"为了怕失掉你，我把你紧紧地搂在胸前。是什么魔术把这世界的宝贝引到我这双纤小的手臂里来的呢？"

你也许会说，不就是小孩子问"从哪儿来的"的一首诗嘛！谁小时候没问过啊！

是的，诗里孩子提的问题确实没什么稀奇。

但，请你再读读，再静静地读一读泰戈尔的这首诗，体会诗里这位母亲的回答。

也许你听到过其他与这位母亲不同却很精彩的回答，即便如此，这位母亲的回答，仍有其不寻常之处，而不仅因为诗的美妙。

人的生命"从哪儿来的"，对现在的你们来说，已不是问题。

从生物学角度讲，人的生命的开始，源自"性"，男人和女人。但是，仅仅懂得生物学意义上的"生命的开始"，还是不够的。

那，还需懂得什么呢？

泰戈尔的《开始》，就是打开了这样一扇窗，让你看到，生命世界里还有美好的景象、深藏的奥秘：

孩子的生命，是藏在母亲心里的愿望，存在于母亲儿时玩捏的泥娃娃里，和家庭守护神一样受到祀奉、得到崇拜；生命，在母亲所有的希望和爱情里，在母亲还有外婆她们的生命里，受到家族代代承继的悉心抚育；生命，那是母亲当女孩儿时那心瓣张开而散发出的花香，是母亲青春肢体上开放的花儿，是从世界生命溪流浮泛而下，停泊在母亲心头的小舟……

生命，原来基于如此的丰富和浪漫，始于性的源头，泛舟于源远流长的爱情。

爱情？是的，爱情。一个美好的生命，不仅与性有关，还和爱情有关。

想象，是否已如画卷般展开在你眼前：一个可爱女孩，手里抱着心爱的玩具娃娃，晃呀晃，拍呀拍，口里还轻轻哼着歌谣……她，一天天长大，从小女孩成为大女孩……有一天，她穿着美丽的婚纱，步入了婚姻的殿堂……后来，她的身体发生了变化，一个生命开始在她体内孕育……这，应该已经打动你了。一个美丽的梦，就这样，从小小的女孩开始……不，不仅是，从她的母亲，甚至更早，这个梦就开始了。

诗中的母亲，不是简单地告诉孩子，生命"从哪儿来"，而是将爱情对生命孕育的意义，形象美好深刻地表达出来了。这样的回答，会给年轻的心，带来怎样的触动？

我曾和学生一起读这首诗，听他们谈感受。

那堂课，充满了诗意。

"这诗太美了！它给我的美感，最主要的，是它的含蓄。比方'我的心的花瓣儿张开，你就像一股花香似的散发出来'，'你的软软的温柔，在我青春的肢体上开花了'，这样的诗句，含蓄地表达了发育过程中，女孩的情感发展和性意识萌动。这要是用直白的诗句，就没有这样的美感了。"

"从生物角度看，每个人的生命就发生在一瞬间，而且太有偶然性了。可诗里的母亲告诉孩子，他的生命来自她童年时的梦想和成年后的理想。这里是有寓意的，生命不仅是一次生物行为的后果，不仅是DNA，还涉及丰富的精神世界。老师您说过，爱情是需要有所准备的，那么，这首诗说，孕育生命也是要有所准备的。"

"自知道了生命的奥秘，就觉得自己能来到这个世界，真是太好的运气了。今天又意识到，还不仅仅是运气啊。生命，一次次出现在美妙的梦里，一次次出现在情感的守望中，也就是说，生命在殷切的期待中诞生。我的生命从另一种意义上说，来自期待，这是多幸福的事情啊！"

"一个让很多父母感到尴尬的问题，在泰戈尔的诗里，变得美妙起来。诗里的母亲，用优美的文学语言解答了一个属于性教育领域的问题。这给我一个启发，当孩子的理解力还没有达到一定程度时，完全可以用诗意的方式，而不是用所谓'科学'的方式。唤起孩子对生命来历的美好想象，远比讲不清道不明的科学阐释更好！"

"我好感动，'为了怕失掉你，我把你紧紧地搂在胸前。是什么魔术把这世界的宝贝引到我这双纤小的手臂里来的呢？'我们的生命被这样珍爱着，是多么幸运！我们自己是不是应该更加珍惜这生命，不辜负这伟大的爱呢？"

"是啊，我也同意，从这个意义上说，这首诗还体现了一种诗化的教育观，多美啊，教育不要总是板着面孔。以后我的孩子问我'从哪里来'的问题，我就给他读这首诗。（同学们大笑）笑什么呀，我们以后都会当父母的呀！对不对？我可不会对他说什么'小蝌蚪游啊游'之类的话。（又是大笑）"

"读着这样的诗，不禁飘飘然了，我'从世界的生命的溪流浮泛而下'，多神奇，我要感谢上帝，（几个同学在下面热心地纠正着'不是上帝，是你父母'）对，对，对，我要感谢父母，是他们，我才得以'从世界的生命的溪流浮泛而下'，是他们，给我提供了停泊的港湾。"

……

瞧，这是他们谈的一些感受，你呢，你是怎样想的呢？

一首小诗，以母亲的口吻，谈及生命"开始"的问题，透着诗意、智慧。她告诉孩子，生命带着爱的基因来到这人世间。爱的心愿、爱的想象、爱的崇拜、爱的希望、爱的承袭……生命还未有踪迹之时，就已经在父母青春的花蕾中散发出花香，那是爱依附的所在；生命终于在母亲体内的温床里开始展示孕育的奇迹时，是披着爱的阳光，暖洋洋地一天一天地变化着；生命在以第一声啼哭向世界宣告自己存在的时候，又是作为爱情的一份杰作呈现给了世人。

两个灵魂、两个躯体在相融中升腾到一个美妙的境界，衔来一颗生命的种子。那是一个男人和一个女人在相亲相爱中，创造出来的。

性，给了人爱的欲望，又与爱创造出生命的奇迹。

这是怎样的神奇和珍贵啊！

你，意识到了吗？

3　花儿与种子

关于爱情和性，有位哲人这样说：爱的花朵来自性的种子。

这句形象而诗意的表述，道出的，就不仅仅是"爱情来自性"了。

一粒种子是不会直接变成花朵的，这是常识。种子只有置入土壤中，给予它足够的养料和水分，并在一定的阳光等条件下，它才可能萌芽、生长，到了一定的时期，才能绽放出美丽的花朵。不给它提供这样的条件，没有这样一个生长的过程，它就只能是一粒种子。

从种子到花朵，我想，对于我们探讨的性和爱情的问题，会有所启发。

哲人的这句话，不仅具有形象诗意的审美价值，也道出了性和爱情的内在关系。

细想想，你会意识到，这句话有两层意思：一是"爱情"和"性"有着如同"花朵"与"种子"一样的天然联系。二是"性"只有具备了相应的条件和过程，才会产生真正意义的"爱情"。这样看来，"性"不会必然产生"爱情"，如同"种子"不会必然成为"花朵"。

明白这个道理，是非常非常重要的。

因为，情窦初开的男孩女孩，往往忽略了这个重要道理，而把自己心里对异性的喜欢肯定为"爱情"，却不知晓，"爱情"远非如此简单。

当一个男人爱一个女人，或当一个女人爱一个男人的时候，其中固然有性的欲望——作为生物的人的本能，简单、初级的生命冲动，但更重要的是在爱的追求中起支配作用的一种心理、美感和道德的合力；只有在这种合力的作用下，两个相爱的人才能体会到心灵碰撞的激情，审美想象的愉悦，道德责任的崇高。而这种心理、美感和道德的合力，是产生于一定的教养基础之上的。这就如同"种子"要成为"花朵"必须具备一定的条件，必有一定的过程。

也许有人会说，很多爱情不是发生在瞬间的"一见钟情"吗，哪有这么复杂？

那你是否想过，即使是"一见钟情"，也只是对某一个人，而不是对所有的异性。那为什么"一见钟情"只发生在对这一个人而不是对那一个人呢？

这种具有明显选择性的情感正是由人的价值取向、审美标准、思想意识、伦理道德等综合因素决定的，"一见钟情"正是一个人通过自身的内心综合"测评"才做出判断，进而做出选择的。"一见钟情"看来是发生在瞬间，但其背后是有着复杂的心理过程的。

也许有人会说，别把爱情说得神乎其神，所有动物都具有这个本能。就像孔雀开屏，就是雄性孔雀向雌性孔雀展示自己而做出的一种求偶举动；就像鸟儿用婉转动听的鸣叫来取得异性鸟儿的欢心，以达到"终成眷属"的目的；就像有的动物群里还有为了"爱情"而"决斗"的行为……

是不是可以因此而论断爱情是本能，动物们都有呢？不是的。

爱情不是一种本能。我们可以说，人类的爱情和动物的"爱"都源于生物的性本能，但不能说，人类的爱情和动物的"爱"是一回事。

人类在进化的过程中虽然脱离了动物界，但无论人如何发展，也始终是一种生物的存在，即使他再复杂、再有智慧、再富有生命力，也是生活在自然界中的一种生物，也必然要受生物的规律、自然的规律所支配，所以，作为万物之灵的人类与动物界的其他动物都有性本能，即人类的爱情和动物的"爱"都有"性"这一"自然属性"。

但人类的爱情和动物的"爱"还有着完全不同之处，那就是人类的爱情除了自然属性之外，还具有动物的"爱"所不具备的社会属性。

因为人类生活在一定的社会环境中，也就是特定的社会关系中、特定的社会制度下以及特定的文化背景里，他的思想、意识及情感必然要受这些社会因素的影响和制约。这种社会属性决定了人类的爱情更集中地体现了人的心理感受、审美体验和道德伦理等因素，而这些是其他动物所不可能具备的。

所以，我们应该知道：动物的"爱"只有自然性，而人类的爱情既有自然性又有社会性，所以，动物的"爱"和人类的爱是不同的，动物不可能具备和人类一样的爱的能力。

可以这样说，爱情是自然和社会给予人类的共同馈赠，所以爱情具有自然和社会的双重属性。

千百年来，人类的男女正是在对异性的爱慕和追求中寻找着情感的归宿，也正是在这寻找中，人类走向了更加美好的情感世界，在人类发展史上留下了美丽的爱情篇章，也给人类世界创造了永恒的美好。

知道吗，如同人类的进化史，"爱情"也有一个"进化"的过程。

早期的人类，是没有爱情的。

我想先从两幅画说起。

一幅是中国汉代墓穴的出土砖画。画意是女娲和伏羲共同造人，共有两幅图案。其中一个图案是：人面蛇身的女娲和伏羲，相对而视，两尾相扣而自成环状。图案右边的女娲，右手拿着一个圆规；图案左边的伏羲，左手拿着一把矩尺。而他们彼此的另一只手平举相牵，图案的下面是一个人面蛇身的小人伸着两只小手，分别抓住女娲的左手和伏羲的右手。画面中出现的规矩，意含着女娲和伏羲分别以男女的不同样式造出世界上的男人和女人。另一个图案构图基本相似，不同的是女娲和伏羲两相背对而两尾相交环绕成交尾状。右边的女娲，面对图案右方，左手抱胸，右手拿着圆规；左边的伏羲，面对图案的左方，右手抱胸，左手拿着矩尺。在他们两人之间有一对人面蛇身的小人两尾相扣，周围是飘浮的云彩，还有一些人面蛇身的小人出入于其间。这里是在示意他们以交媾的方式造人。这幅画的内容正与《山海经》中有关的女娲伏羲造人的内容相吻合。《山海经》上说，当初的天地间只有伏羲和女娲兄妹俩，他们生活在昆仑山上，女娲六日创造了万物，却没有创造人，于是，他们兄妹商议之后便结为夫妻，在以草为扇遮面避羞的情况下，两人交合而得子，从而繁衍了人类。

一幅是西洋油画，题为《生命的起源》。画面的内容是根据《希腊的神话和传说》创作的，同样表现了人类生命繁衍的主题。蓝色的天空下，绿色的草地上点缀着盛开的鲜花，茂盛的树下，一个成熟的女人和一个年轻的男人，热烈地相拥着，两个可爱的孩子在草地里玩耍嬉戏。这幅画是根据希腊神话中的一个故事创作的，画面上的女人是地神盖娅，男人是盖娅的儿子天神乌剌诺斯，那两个可爱的孩子是他俩结合而生下的后代克洛诺斯和俄刻阿诺斯。

看了这两幅画，除了想到两则有关人类起源的故事，你们还能想到什么？

也许你会觉得不可思议，但这两幅画确实记载了曾经的历史，即人类发展的历史上曾经有过的杂乱婚姻的事实。兄妹之间交合得子、母亲和儿子共同繁衍生命，这虽然出自于神话传说，但却并非无稽之谈，而是源于人类发展的初始阶段所经历的婚姻状态。面对这样的历史，我们可以做出怎样的推断呢？我想，应该可以推断出，爱情不是和人类同时来到这个世界上的。在人类还处于杂乱婚姻的历史阶段时，是没有爱情的。那时的人类，还根本没有摆脱动物性原始本能的愚昧。我们知道，早在人类的远古时代，刚从动物界脱离出来的人类，从事的是刀耕火种的原始劳作，过的是穴居群婚的野蛮生活，低下的生产力，低下的认识能力，决定了当时的人类不仅对自然和社会没有什么认识，就是对人类自身也没有什么认识，那时的人类所做的一切，只是为了满足人类生存的最低级的基本需求，男女的结合，也仅仅是停留在动物性的一种自然行为的水平上，只是出于一种生理欲望的需要，以满足人类动物性的本能。可以说，那时的人类甚至不可能认识到男女的结合对于生命繁衍有着怎样的意义。

那么，爱情又是怎样来到人世间的呢？

随着人类生产力的发展，人类自我认识水平的提高，人类的精神生活也随之适应而发生了相应的变化。当人类由杂乱婚姻、群婚制进而发展到对偶婚姻，以及最后发展到今天的一夫一妻制婚姻，爱情也就在这种婚姻制度的沿革中逐步地产生了。当然，期间经历了一个漫长的发展阶段而不断地完善。

由此可见，爱情的产生，是随着人类生产力的发展、人类认识水平的相应提高而逐渐产生的，她是人类生存状态走向高质量的标志，也是人类摆脱愚昧走向文明的精神产物。她是伴随着文明的足音来到这个世界，并且经历了由初级到高级、由肤浅到深刻的漫长的发展过程。

你们应该有所领悟：

"人类是在走向文明的过程中，产生了爱情。"

"爱情，是人类文明的标尺。"

"文明使人类摆脱了愚昧，并将爱情赐给人类。"

"爱情是文明人类才拥有的瑰宝。"

……

文明！人类的文明。

爱情是人类文明的产物，没有人类文明就没有爱情，而没有爱情的人类是还未走向文明的原始人类。

"爱的花朵"来自"性的种子"，这颗种子只有沐浴文明的阳光，才会开出花朵。否则，这颗种子会霉变，会干瘪，甚至腐烂。不但不会在未来的日子里绽放出美丽的花朵，就连最初的萌芽，都成为泡影。

你说，是吗?

4　生命的小屋

人的生命之初，在哪儿？

在一个叫"子宫"的地方，女人的身体里。

那里很温暖很舒适。

你对它，当然完全没有记忆了，但每个人生命的孕育过程确实是在那里完成的。

你幸运地来到这个世界，除了感恩那幸运的受孕的"种子"，还要感恩它，那暖暖的生命小屋。

对新生命而言，它是太重要的存在了。对女人来说，它不仅仅是身体里的一个性器官，更是可以成就做母亲这样一个伟大愿望的圣地。

它，既为圣地，就应被敬畏。不仅女孩，还有男孩，都应对它心怀敬畏。

而遗憾的是，在现实中，有的女孩并不珍惜自己的拥有，有的男孩并不以侵害它为耻。

我曾收到这样一封信。

亲爱的曾老师：

请先接受我迟到了的信任和问候。我自己也没有想到，来到这座陌生的城市，来到一所生疏的学校，我会在这里找到我心中渴望的信任。您可能意识到我的"与众不同"——不合群，是的，我疏远一切身边的人，包括您，但我感到，您仍然在用真诚的爱在关心我。

您和我们谈爱情，其实，谁不希望拥有永恒美好的爱情？我也曾经在心里无数遍地想象自己可以托付一生的男生，但是，自我的好朋友发生了让我深受震撼的悲剧之后，我开始怀疑一切，包括爱情。

我和她从幼儿园开始，就是好朋友，即使中学后我们读书不在一所学校，我们也仍然是无话不谈的朋友。我们不仅分享着彼此的快乐，也分担着彼此的痛苦。她和男友的故事，从一开始就没有瞒着我。她甚至把自己快乐的日记拿给我看，让我分享她"爱"的幸福。但不知从什么时候开始，她开始不那么坦白了，日记不再给我看了，而且对他们的关系也闪烁其词起来，不过，她仍是满脸的幸福。我预感到她和他已经超越了一般的关系，很想劝说，但又不知道怎么说。后来，心里实在有些担心，就对她说了句："你不要做傻事哦。"她听了很不高兴地说："你懂啥？"她这么说，我也只能在心里祝福她，希望这个男生不辜负她，因为她是那么纯洁可爱的一个女孩，她对他是那么的真情。

没有想到，事情有了变化。一天，我接到她打来的电话，她不停地哭，却什么也不说。我马上赶去她那里，知道了原因，当时我就呆住了，事情的严重性超出了我的预料。

前些日子，她发现自己有些不对劲儿，便一个人跑到医院，检查结果是怀孕了。她吓坏了，顿时不知所措，马上把事情告诉了男友。她以为他会安慰自己，会为这件事情拿个主意，可却没有想到，他不但没有任何安慰，反而指责她："你怎么搞的嘛，事情到了这个地步，我能怎么办？"她听了非常生气："我怎么搞的，是我的事吗？"她生气地就转身走了。而她的男友居然没有去追她，就让她一个人这样伤心地走了。

她告诉我，他们的第一次，自己是不肯的，但他却生气地说：如果真爱，就应该毫无保留。看到他怀疑自己的爱，为了证实自己的真爱，她便顺从了他。后来，只要有机会，他们就会在一起发生这样的事情，她虽然心里也有忐忑不安，也担心出问题，但每一次又都是"该"发生的就发生了。没有想到，担心的事情还是发生了，更没有想到的是，他没有表现出一点责任感，似乎他是个局外人，这事与他毫无关系。

我劝她不要伤心，要紧的是怎样解决当前的问题，答案只有一个，就是尽快手术。这件事情还要秘密进行，不能让父母和老师知道。

她心惊胆战地过着每一天，更是悲痛欲绝地过着每一天。自知道这件事情之后，她的男友居然没有打一个电话给她。我只好劝她，这种男人不理也罢，幸亏暴露得早，要是以后你嫁给他，那可是暗无天日了。虽然这么说，我还是希望这个男生能在手术的时候陪伴她，因为我知道她心里还是希望有他在身边。于是我说，我给他打个电话，再给他一个证明自己的机会。她流着泪说，好吧。

晚上，我给她男友打了个电话，将手术的时间和地点告诉了他，他在电话那头听着，没有说去，也没有说不去。我最后说："你要还算是个男人，你明天就应该来。"说完我就把电话挂掉了。

她手术的那天，我一生难忘，不仅仅是她的痛苦遭遇，更重要的是，我眼里的世界，从这天开始，完全改变了。

那是一个初冬的日子，我陪她来到了医院，坐在那冰冷的长廊椅子上，我们竟然无话可说。她只是不停地向医院大门那里张望，我知道，她在盼望他的出现，但他却始终没有出现。看到她一次次收回失望的目光，我不忍心了，一肚子责骂那个男生的话都咽了回去，我违心地劝她，可能他在路上有什么事情耽搁了，可能此时他正着急地往这里赶呢。她又流泪了，对我说，你不用劝我，我都明白。

医生叫到了她的名字，她站起来，我拉住了她的手，感到她的手冰凉冰凉的，我说，别怕，有我在。她抽出那双冰凉的手，向手术室走去，此时"手术室"三个红色的字在我眼里分外刺眼，我突然担心起来，跑上前去，紧紧地抱住了她，对她耳语：挺住，放心，我在这里等着你。她的泪顿时夺眶而出，我感觉到她的身体在剧烈地颤抖。护士又在催促了，她从我的拥抱中挣脱出来，向手术室走去，到了门口，她回过头，向我笑了笑，那个瞬间，永远定格在我记忆中：惨白的脸，痛苦的笑……

在医院长长的走廊上，我不安地走动着，不知为什么，我居然也开始期待起她男友来，我不停地向医院大门张望，我希望奇迹出现，希望看到她从手术室出来的时候，会有一个她期待的温暖的怀抱热拥着她，看到他温情地安慰她，而我，将默默地离开……

手术室的门打开了，她从里面步履缓慢地走了出来，脸色更加惨白了，而她还在竭力掩饰着痛苦。我赶紧走上去搀扶她，没有问她手术的情况，我只是一个劲儿地说，没事，过去了，都过去了。她过了好一会儿，终于说了一句话：我已经历了女人的地狱，我懂得女人的含义了。

我的眼泪实在控制不住了，心在痛苦地抽搐。她才十五岁呀，她曾那样天真纯洁地爱着一个男生，可是这个男生却在得到她的一切之后，就这样抛弃了她，在需要他负责的时候，他选择了逃跑。

老师，她的这次"爱"的经历，让我不再相信爱情，也不再相信男人。

可是，老师，您知道吗，自您和我们探讨爱情，我心中曾有的美好向往又好像被召唤回来了。可是，我仍不敢，不敢再相信爱情，因为我目睹好友为爱献身，又被爱抛弃的全过程。

一个令人心情沉重的现实故事。

春天里的花儿，正向往着阳光的时候，被袭来的飓风吹得花瓣四落。

天真的女孩，为了那本不是爱的感情，付出了惨重的代价。她失去了自己的贞操，她经历了手术的苦痛，她呻吟在心的伤害中。这样的事情，即使时光流逝，也绝不会淡去，更无法抹掉，它会一直在女孩心灵的一隅撕扯着安宁。

在她深陷于情感的痛苦时，可能还没有意识到，除了失去"爱"的情感痛苦，她还可能要面临更糟糕的后果，那就是身体所受的损伤。

她以为，停止了妊娠，问题就解决了。不，不是如此简单。

怀孕，是个很复杂的生理变化过程，不仅仅是子宫里多了个小生命。知道吗，身体为了给这个小生命提供必要的生长条件，内分泌会发生变化，相关的体内器官也由此而发生变化。当这个正在进行中的自然孕育过程突然招致外力强行地中止，身体相关方面必然都会受到影响。何况，这种外力的实施过程，即使是在正规的医院，有合格的医护人员实施手术，也仍然会有一些不确定因素产生，比如感染、损伤，留下后遗症，甚至导致终身不孕。

这样的手术，不仅是毁了一个生命胚胎，也给子宫造成严重损害。

这些年，到医院堕胎的女生日趋增多以及低龄化的现象让人担忧，而另一个统计数字还告诉我们，越来越多的正当生育年龄的女性，患有不孕症。分析表明，这主要是与过早的性行为，以及堕胎有关。

现实，已经很严峻了。

坠入自以为的爱情，任由性行为放纵，一时的"欢愉"，导致不堪的后果。

爱情，欲念。

年轻的你们，真应该好好想一想。

在信中提到的事件里，欲念假冒爱情的名义，制造了悲剧。那个男生为了自己的欲念，竟然要求女孩满足他，竟然说，"如果真爱，就应该毫无保留"，以这种"爱"的说辞相迫。女生为了证明自己真爱，居然轻易地将自己的贞操献出，并一次次地满足那个男生。她的无知和痴心，也是悲剧发生的原因。

很心痛这个女孩。

她在还不懂得爱的时候，爱上了一个不值得爱的人，更糟糕的是，她为这根本不是爱的爱情，失去了自爱。

一个真正爱女孩的男生是不会贸然提出性行为要求的，他知道这种行为会给女孩带来怎样的后果，他不会忍心因为自己一时的冲动、一时的欲望满足而让女孩身心受到伤害。一个真爱女生的男生，他一定会自我克制，爱护女孩，他会和女孩一起等待，等待真正的爱情在未来适当的时候，赐予他们那神圣的时刻。

而信中的这个女孩，却不懂这个基本道理。

希望，无论男孩还是女孩，都要守护好心中的欲念，为了你向往的爱情，为了你未来牵手的那个人，为了你一生的幸福！

社会上，校园里，自己的身边，都可能有冒用"爱情"的名义以达到自己性满足的道德低下甚至道德败坏的人。所以，对试图冒犯你的人，要说"不"，坚决说"不"。

记住，如果是真爱，不会因为你说"不"而失去；倘若失去，那必定不是真爱。

你，认同吗？

5　书签的秘密

曾有一对青年男女，定情吴淞江边，此后，相守七十八年。

女人八十高龄的时候，写了一篇散文，回忆当年他们定情时的情景。

一篇非常优美的散文，我曾介绍给很多朋友读，当然，也介绍给了我的学生。

现在，我也把这篇美文介绍给你。

温柔的防浪石堤

张允和

那是秋天，不是春天；那是黄昏，不是清晨；倒是个1928年的星期天。有两个人，不！有两颗心从吴淞中国公学大铁门走出来。一个不算高大的男的和一个纤小的女的。他们没有手挽手，而是距离约有一尺，并排走在江边海口。他和她互相矜持的微笑着。他和她彼此没有说话，走过小路，穿过小红桥，经过农舍前的草堆。脚步声有节奏弹奏着和谐的乐曲。

吴淞江边的草地，早已没有露水。太阳还没有到海里躲藏。海鸥有情有义地在水面上飞翔。海浪不时轻柔地拍击着由江口深入海中的防浪石堤。这是地被年深日久的江水河海浪冲击的成了一条长长的乱石堆，但是还勉强地伸入海中。没有一块平坦石头可以安安稳稳地坐人。

周围是那么宁静，天空是那么蔚蓝。只有突突的心跳，淡淡的脸红在支配宇宙。

走啊走，走上了石堤。他勇往向前。她跟在后面。谁也不敢挽谁的手。长长的石堤只剩下三分之一了，才找到一块比较平坦而稍稍倾斜的石头。他放下一块洁白的大手帕，风吹得手帕飘舞起来，两个人用手按住手帕的四角，坐了下来。因为石头倾斜，不得已挨着坐稳当些。她坐在他的左边。

这里是天涯海角，只有两个人。是有风，风吹动长发和短发纠缠在一起；是有云，云飘忽在青天上偷偷地窥视着他们。两个人不说一句话。他从口袋里取出一本英文小书。多么美丽的蓝皮小书，是《罗密欧和朱丽叶》。小书签夹在第某幕、第某页中，于两个恋人相见一刹那。什么"我愿在这一吻中洗尽了罪恶！"（大意）这个不怀好意的人，他不好意思地把小书放进了口袋，他轻轻用右手抓着她的左手。她不理会他，可是她的手直出汗。在这深秋的海边，坐在清凉的大石头上，怎么会出汗？他笑了，从口袋里又取出一块白的小手帕，塞在两个手的中间。她想，手帕真多！

半晌，静悄悄地，其实并不静悄悄的，两个人的心跳，只有两个人听得见。他俩人听不见海浪拍打石堤有节奏的声音，也听不见吴淞江水滔滔东去的声音。他放开她的左手。用小手帕擦着她的有汗的手。然后他擦擦自己的鼻子，把小手帕放回口袋里。换一个手吧，他小心握她的左手，希望她和他面对面，可是她却把脸更扭向左边，硬是别过头去不理他。他只好和她说悄悄话，可是没有声音，只觉得似春风触动她的头发，触动她的耳朵，和她灼热的左边面颊。可是再也达不到他希望的部位。

她虽然没有允许为他"洗尽了罪恶"，可是当她的第一只手被他抓住的时候，她就把心交给了他。从此以后，将是欢欢乐乐在一起，风风雨雨更要在一起。不管人生道路是崎岖的还是平坦的，他和她总是在一起，就是人不在一起，心也是在一起。她的一生的命运，紧紧地握在他的手里。

以后，不是一个人寂寞地走路，而是两个人共同去探索行程。不管是欢乐，还是悲愁，两人一同负担；不管是海浪险波，不管是风吹雨打，都要一同接受人间的苦难，更愿享受人间的和谐的幸福生活！

这一刻，是人生的开始，是人类的开始，是世界的开始，是人生最有意义的一刻。

这一刻，是两个人携手跨入了人生旅途。不管风风雨雨、波波浪浪；不管路远滩险、关山万重，也难不了两个人的意志。仰望着蓝天，蔚蓝的天空，有多少人生事业的问题要探索；面对着大海，无边的大海，有多少海程要走啊。

这一刻，天和海都似乎看不见了，只有石头既轻软又温柔。不是没有风，但是没有风；不是没有云，但是没有云。风云不在这两颗心上。一切都化为乌有，只有两颗心在颤动着。

这就是当年张允和和周有光的青春恋情，情很美，文也很美。

语文课上，我曾和学生们一起欣赏这篇美文。

记得，那堂课，时间真是过得飞快。

"你们觉得这篇文章最有趣的地方是哪儿啊？"读完文章，我问。

学生们嚷了起来，异口同声地说："书签！""书签！""那个小书签"……

"看来，我们的感受都一样哦，我也觉得最有趣的是书签，那本《罗密欧和朱丽叶》蓝皮小书里夹着的小书签！那个男生，为了想出这样一个特别而又含蓄的表达爱意的办法，一定花了好多心思呢。"

学生们大笑。

"老师，可不可以让我向您提个问题？"有个男生向我发问。

"可以啊，你说吧。"

"这篇文章一定打动了您，否则，您不会介绍给我们，我想知道，这篇文章最打动您的是什么呢？"

"我嘛——最打动我的，是那个女生的羞涩。"

"您能具体说说吗？"

学生们又笑了，笑这位提问题的学生"得寸进尺"。

"女生从一开始矜持的微笑，到突突的心跳，淡淡的脸红，都可以看出她的害羞，后来她在小书签的暗示下知道了男生的意图，不由得在心里嗔怪他'不怀好意'，这也是她害羞的心理。不过，她没有拒绝男生抓自己的手，但手心却在不停地出汗，实在是因为不好意思，太紧张。后来男生仍然想‘一吻而洗尽罪恶’，可她硬是把头别过去，不让他得逞。虽然，就像她说的，在男生的手抓住她手的时候，她已经把自己的心交给他了，但她仍然将两人的距离保持着一定尺度。羞涩，让她保持了矜持，保持了距离。我想，羞涩的女孩，是动人的。”

“您说得不错。”他的口气很大，同学们又笑起来了。“您是从女性角度，体会到那个女生的羞涩。但我的角度和您不一样，我是被这个很绅士的男生打动了。”

“哦，那你说说看。”

“多聪明啊，他能想出在书里夹书签的方法含蓄地表达自己的爱；多细心呀，事先准备了好几条规格不一的手帕呢；多体贴呀，虽然他很想‘一吻中洗尽了罪恶’，却能体谅女生的拒绝，没有莽撞行事。大家都想一想嘛，要是没有这个男生的聪明、细心、体贴，这篇文章读起来还会这么浪漫这么优美吗？同学们，你们说是不是呀？”

男生们纷纷响应，嚷嚷起来，“是啊”“是啊”……

我笑了：“你说得有道理，看看，你还有这么多的拥护者。不过，女同学没有表态嘛，谁说说呀？”

一个女生发言了，“假如不是女生的羞涩，这篇文章的调调就会变了，这要是个‘野蛮女友’，那再绅士的男生也招架不住吧。”她的话，引起哄堂大笑。

一个男生针锋相对，“同理，这要是个野蛮男友，文章的调调也变了啊，那个女生的羞涩肯定挡不住男生的莽撞啊。”

大家正热闹地说着，有个同学突然站了起来，“老师，我发现，这篇文章的题目可不是一般的好啊！‘温柔的防浪石堤’，敢情那女生的羞涩、矜持、尺度，就是一道防浪石堤，挡住了海浪的激情。前面的这个定语‘温柔’也用得好，把那女生的特点突出出来了。”

我说：“对啊。可以再想一想，文章后面写了，从她的第一只手被他抓住时，她已经把心交给了他，但即便是这样，她还是不好意思，还是保持着矜持和尺度，这是一个很有教养的女生。也许你们有的人会觉得我老套，但你们对这篇文章的喜欢，还有读这篇文章所获得的美感，不正是这'温柔的防浪石堤'带来的吗？看来，你们也是欣赏这种美的呀！女生的羞涩很美，男生的绅士风度也很美，对吗？"

我在这里提到了"教养"。

文中的男生和女生都体现出教养，即一个人的文化和道德修养。

他们两个人相爱，但是，在欲念面前，都表现了一定的克制力，在这克制力的背后，便是文化和道德修养。

欲念，会使人冲动，而防止冲动的最有效的力量便是教养。

每个女孩，都应该在心里筑起一道防浪石堤，且是温柔的，既挡住了激情的海浪，又不至于伤害对方的自尊，就如文中的"她"，而每个男孩，在欲念有了冲动的时候，也应不忘温情，克制自己而不强行要求，就如文中的"他"。

如此，女孩得到了尊重，男孩也保持了自尊。

为了一时的欲念满足而放纵，最后的结果，一定是不美好的。在我几十年的教学生涯里，这是一个被事实无数次验证的道理。

在年轻的时候，做糊涂的事情，不仅情感会留下伤疤，身体也会受到损害。"得不偿失"，用在这里，是非常恰当的。

现在，社会的宽容度放松了，但并不意味着，我们可以随心所欲，更不意味着你可以无须珍惜自己的感情，无须珍惜自己的身体。

人生，有些事情是需要等待的。一个人，应该在恰当的时候做恰当的事情。

你说，是吗？

五

明　智

爱情确实有一种高尚的品质，因为它不只停留在性欲上，而且显出一种本身丰富的高尚的优秀的心灵，要求以生动活泼，勇敢牺牲的精神和另外一个人达到统一。

——黑格尔

1 珍惜那晶莹的宝石

一看信封上的字，就知道是赵帅写的信。

他是一个很有个性，聪明直率的男孩。他的前班主任曾向我介绍过他的"早恋史"，介绍过他的出格的叛逆，但我接班后，通过对他的观察了解，倒觉得他很率真，很阳光，是个不错的孩子。

一个有过早恋传闻的他，关于爱情，会说些什么呢？

曾老师：

您好！已记不得是第几次动笔写这封信了，因为我实在不知如何向您袒露自己的真实观点，我不愿意用谎话来敷衍您，又不知您是否能够接受我的率直。但我觉得自己必须真实地面对您——一位和我们学生真心相处的老师。

爱情在我眼里，不但是一种人类才有的高尚纯洁的感情，而且还是一个蕴藏着无穷力量的源泉。

我们这些孩子们眼里的爱情与大人眼里的爱情是不一样的。丰富的阅历使大人们在对待爱情的时候还要带上附加的条件，比如地位、名声还有金钱，使爱情蒙上虚假和污秽的面纱。我们则不同，世俗的东西在我们的感情里没有市场，我们只考虑爱与被爱，所以说，我们的爱情更纯洁更高尚。

我是绝对不会阻止自己去追求和拥有爱的，也不会因受到大人的压力而放弃对爱的追求和拥有。爱情对于我绝不是一个禁区。

苏霍姆林斯基说得好，爱情是一种"力量"。当我真正爱上一个人，并认为她能在我人生的路上与我携手共进、互促完美的话，我会大胆地去付出我的爱并争取她的爱。这付出与争取的过程，也正是我不断完善自己不断超越自己的过程。是什么使我完善和超越？是爱的力量，这是爱情作为一种力量的表现，是爱情显示力量的第一步。当我得到了自己十分向往的爱，我就会珍惜她，为了使自己永远值得爱，也使对方永远值得我爱，两个人就会齐心协力去充实自己，帮助对方，使爱情真正产生一种永恒的美，这可以说是爱情释放力量的第二步。这就是我对爱的理解，这就是我即使在现在，也不会放弃去爱的一个真实理由。我们已经长大，我们有自己的思考和追求，我们不需要任何的说教和劝导，我们要自己走路。

在爱的过程中会有挫折和痛苦，这确实会给我们的学习和生活造成一定影响，这时候大人便会说：这是早恋的影响。但正如火药一样，它可以用于开路，也可以用于伤人，但我们仍然以它是四大发明之一而自豪，我们也并没有因为它的危害而放弃对它的研究和制造。为什么？因为它可以用于建设。爱情也如此，虽然她可能影响学习，但她却能使我们从中得到力量，得到从其他方面得不到的力量，还会使我们成熟起来，懂得爱与被爱，这又有什么不好呢？为什么见到中学生恋爱就如临大敌呢？

社会上、学校里，对中学生的爱情持完全否定的态度，甚至用强制的方法来阻止。我个人认为，反对和压制不可能制止这种现象的发生。事实上，现在的一些中学生甚至小学生都在公开或隐蔽地恋爱，这是谁也阻止不了的。

所以，我明确地告诉您，我决不会放弃爱，谁也无法剥夺我爱的权利！

您是一个开明的老师，您应该能够理解我。

致以

敬意！

学生赵帅

应该说，他的率真我很喜欢。

这封信，与其说是他"爱情理论"的表白，还不如说是一份"爱情宣言"。

也许是以前的老师对他的情感有过强行压制，他有的话语显出情绪化，但他的直率，是很难得的。他不掩饰自己的真实想法，而这恰恰是交流的基础。

很好，我觉得很好。

我又认真看了几遍他的来信，之后，写了一封回信。

赵帅，你好！

感谢你的信任和率直。

我很认同你信里表达的对爱情的看法："高尚纯洁"，"一种力量"。我也理解你对爱情的追求，对拥有爱情的渴望。还有，你说对早恋"反对和压制不可能制止"的说法，我也是赞同的。

我也坦率地对你说，我对中学生恋爱不支持，但我不会强行干预、阻止。

我们的观点有所不同，但我认为，这并不会影响我们的交流。

我讲一个故事吧，一个"渔夫和石头"的故事。

天空还未破晓。一个渔夫来到河边，脚下被东西绊了一下，低头一看，是一袋石头。他把渔网放在一边，等待日出撒网捕鱼，等待中，他顺手拿过装石头的袋子，将袋子里的石头一块一块地抛进河里。

太阳升起来了，袋子里也只剩下一块石头了，当他拿起这最后一块石头，心脏几乎要停止跳动了，在晨光中熠熠闪烁的哪里是石头，那是一颗晶莹的宝石啊！他猛然醒悟，在黑暗的无聊等待中，他丢掉了几乎是整整一袋的宝石。他懊悔地咒骂自己，伤心得几乎失去理智。本来他可以拥有足够的财富度过富足的一生，但却在不知不觉中将珍贵的宝石遗失殆尽。也许他还算幸运，毕竟还剩下一颗宝石，但对有些人，可能连一颗宝石都没有剩下。

故事的寓意，聪明的你自能领会的。

我讲这个故事，不是试图给你灌输什么观念，而是希望给你提供一个思考的角度。我们对事物的认识，总还是多一些角度去看，才好。对吗？

此外，我还想和你说说"权利"的问题。

你说，"谁也无法剥夺我爱的权利"，我想，这是当然的，无人可以剥夺你爱的权利。但我同时也注意到，你没有提到与"权利"相关的"义务""责任"等。我不知道你是没有意识到，还是意识到了而没有提呢？

　　还记得《小王子》吧，里面的那只可爱的小狐狸送给小王子一个爱的秘密，就是用心去看，去付出，去负责。这里的"付出"即意味着"义务"，"负责"即意味着"责任"。你想过吗，爱的权利，和义务责任相关，而你，是否对应尽的义务和责任有足够的心理准备呢？

　　德国哲学家弗罗姆曾有这样一句话："爱一个人不仅是一种强烈的感情——而且也是一项决定，一个判断，一个诺言，如果爱情仅仅是一种感情，那爱一辈子的诺言就没有基础。一种感情容易产生，但也许很快就会消失。如果我的爱光是感情，而不同时又是一种判断和一项决定的话，我如何才能肯定我们会永远保持相爱呢？"

　　爱是一种感情，这没错，但又不仅仅是。我想，有一个问题你应该考虑，在决定去爱一个人的时候，自己是否具备了爱的能力呢？也就是说，你能够为自己一生的爱，做一个正确的判断和决定，做出一个负责的承诺吗？

　　你信里提到了"永恒"，可见爱情在你心里，是一生一世的情感，这是非常令我高兴的。在爱情已被一些人游戏化的现代社会里，你的严肃态度，非常非常难得。所以，我相信你会认真对待自己的爱情的。

　　其实，遇到喜欢的女孩，自己的情感是否能确定为爱情，确实是一个需要认真对待的问题。我觉得，男孩女孩，除了爱情，还有友情，先做好朋友，也挺好的，不是吗？

　　我提出的这些问题，只是希望给你一些思考，希望你能得到真正的爱，而不是阻止你去爱，更不是想要剥夺你爱的权利。你能理解吗？

2　未来期待你的勇气

　　章晓，一个内向的女孩。她的神情，连同她的语言表达都有着一种忧郁。虽然，偶尔也会显露出活泼开朗，但又很快隐入忧郁中。难得看到她开心地笑，在集体欢乐的场合中，她也会有忍俊不禁的一笑，却难以停留，瞬间便会消失了。

　　曾经尝试和她交流，了解她，但都因为她的沉默，而没有进展。

　　这次的语文课后，我要学生以书信的形式谈谈有关爱情的问题。很多天过去了，班里同学基本都写来了信，但她还没有。

　　这天下课，我正向办公室走去，她从后面匆匆跑来，把一封信塞给了我。

　　我急忙拆开了信。

曾老师：

　　您好！二十年前的妈妈，年轻漂亮，她嫁给了我的爸爸，生育了一双女儿。可是，爸爸因为另外一个女人，毅然离去。他给我们留下了一个破碎的家，给妈妈留下了无尽的伤痛，去寻找他所谓的爱情和幸福去了。后来我们知道，爸爸也根本没有找到所谓的爱情和幸福，那个女人不久就抛弃了他，找了另一个有钱的男人。妈妈说，爱情是虚假的。

　　现在，妈妈的大女儿长到了如花似玉的十八岁。在大学校园里，一位男生认识了姐姐，他问姐姐：我们做朋友，好吗？姐姐的心，就像一块安静的草坪上突然来了一只冒失的兔子，又蹦又跳。她从来没有经历过这种心情，于是打电话给妈妈。妈妈说：如果你是个聪明的孩子，就应该马上拒绝他。爱情是危险的。

　　或许，我也能找出一千个、一万个例子来证明爱情的可恶，但我还是愿意相信爱情是美好的，就像玛丽娅奶奶故事里的男人和女人，就像苏霍姆林斯基所说的，爱情是"人类千古不朽的美和永恒的力量"。

老师，我妈妈遭遇爸爸的背叛，爸爸遭遇另一个女人的欺骗。可我，为什么还是愿意相信爱情的美好呢？为什么？我不知道。老师，您能知道吗？

曾老师，我把您当作好朋友，我把心底的秘密告诉您，好吗？有时，我真的很欣赏一个男生，而且和他相处时总是特别愉快，或许，我和他会成为好朋友，也许我还会爱上他，但我最终还是躲开了。一直以来，我都不敢和男生交往，因为我怕，一则妈妈向来不喜欢看到我和男生在一起，二则我怕犯妈妈年轻时犯过的错误，误信爱情。

或许有一天，爱情还是会突如其来地站在我面前，但那是多久多久以后呢？谁也不知道，假如真有这么一天的话，我是否有勇气微笑面对呢？我不知道。

读了她的信，我知道了她忧郁的原因。一个单亲家庭的女孩，挥之不去的心理阴影，挡住了她眼里应有的明亮。

我给她写了回信，我对她说：

章晓，谢谢你和我说了这些心里话。

虽然遭遇家庭的变故，但你说，"我还是愿意相信爱情是美好的，就像玛丽娅奶奶故事里的男人和女人，就像苏霍姆林斯基所说的，爱情是'人类千古不朽的美和永恒的力量'"。这让我很高兴。生活中的阴霾，并未遮挡住爱情的光芒和温暖，你内心对美好的向往，依然执着，这真的很好！

你问我，你"为什么还是愿意相信爱情的美好呢"，我想，那应该是你心向美好。

你妈妈经历了爱情婚姻的变故，对爱情深感失望，继而认为爱情是虚假的，危险的，我能理解她的心情，但不能认同她的看法。

不是爱情虚假，也不是爱情危险。

爱情就是爱情，她的美好，永恒，不会变！

令你妈妈深感失望的，恰恰不是爱情，是曾经爱她的那个人变了。他背叛了爱情，于是情感丑陋成虚假和伤害。

所以，你不应为此而怀疑爱情。

我曾给你们讲过现实中的经典爱情，相爱的两个人能携手到老，至死不渝，皆因彼此真爱，从而演绎了爱情的美好和永恒。

可见，真爱是有的，天长地久的爱情是有的。只是，美好爱情的获得，并非易事。寻找一个真爱你的人，坚守一份美好的爱情，这是需要一双有识别力的明眸，有判断力的明智。

你爸爸妈妈的离婚原因我不清楚，但从你的讲述中，应该是你爸爸放弃了曾经的爱，放弃了这个家。他不再爱你妈妈，这是他个人的放弃，不是爱情的过错，你不应怀疑爱情。

你愿意相信爱情的美好，这让我相信，你在成长中，在懂得爱情的过程中，一定会走出父母的情感悲剧给你带来的负面影响，而以积极的心态向往和追求美好的爱情。

一个相信爱情的人，才会有可能获得爱情。

你说："或许有一天，爱情还是会突如其来地站在我面前，但那是多久多久以后呢？谁也不知道，假如真有这么一天的话，我是否有勇气微笑面对呢？我不知道。"

我想，假如有一天爱情降临，你会有勇气微笑面对，只要你相信爱情，心怀爱情。

记起一次晚会上你唱的歌："小燕子，穿花衣，年年春天飞这里，要问燕子你为啥来，燕子说，这里春天最美丽……"

可爱的小燕子，飞出阴云笼罩下的黑暗，不要让它隐藏了你美丽的身姿，不要让它将你心中的明亮熄灭，更不要让它遮住了你智慧的眼睛。你要心怀爱的信仰向着明媚的天空飞去，向着鲜花盛开、绿草茵茵的地方飞去……

最后，我还想告诉你，我也成长在一个离异家庭，父母在我很小的时候就离婚了。

我感恩的是，我没有在恨的环境中长大，我的亲生父母从来没有过互相诋毁，倘若不是这样，那我一定不是现在的我了。

父母离异的现实，我们做孩子的是无法改变的，但我们可以改变这一现实的负面影响。

一个孩子，如果他从小被告知天空是灰色的，随后不再抬头去看天空，那他的心一定是灰蒙蒙的，世界也会是灰蒙蒙的。但是，如果他能够抬头去看一看天空，那就不一样了，他会发现，天空是如此美丽多彩，万里晴空时一片蔚蓝，日升日落时有金色霞光，云朵飘飘时有梦幻般的白色……那他看到的天空会是很美妙的，他的生活便也有了色彩，而他对这个世界也多了一些了解。更重要的是，当他在这样的天空下感受自由欢畅的时候，心里会多了一种明朗，对生活会多了一份热爱，而热爱会使他懂得珍惜生活中的一切美好。

不要自卑，不要抱怨自己不幸，更不应觉得自己是一只受伤的小鸟不可能再高飞了。完全不必这样。有位名人说过，磨难是人生的一笔财富。你比起那些幸福家庭的孩子来说，确实过早地体验到生活的不如意。但如果就你整个人生成长的历程而言，"塞翁失马，焉知非福"呢？现实是无法回避的，但你完全可以选择对待现实的态度。如果你将所谓"不幸"当作一口囚禁自己的深井，那么你将永远生活在不幸中，如果你用"不幸"来磨砺自己，那么不幸就会在你的生活中产生积极的意义。

还有，父母婚姻的失败，不应该成为你信仰爱情的障碍。他们婚姻的解体可能有种种原因，但无论再多的原因，也不能归咎于爱情。是他俩的感情发生了问题，爱情已无法在他们的情感世界里生存，于是他们选择了分手。他们的分手当然在一定程度上伤害了你，但不要因这伤害使你怀疑爱情，从而放弃爱的美好追求。其实，经历父母的离异，你应该比别人更深切地懂得，爱情对于婚姻是多么重要，你将会更加珍惜自己未来的爱情。

走出阴影，来到阳光下。美好的爱情，会有的。

3 文学折射的情感世界

还没有开启这封浅蓝色信封，我眼前就出现了她清纯的样子。一个喜欢读书，喜欢思考，还写得一手好字的女孩。

曾老师：

您好！这堂爱情教育的语文课又把我带回小时候读安徒生童话时的心境。

那时，我最喜欢看的故事是《海的女儿》，每次读了它，我都会感动得流泪。美丽的小人鱼，为了她所爱的王子，割舍了美妙的歌喉，忍受着变换形体的痛苦，最后，为了她所爱的人，放弃了生的机会，跳入大海，融化成大海的泡沫。每次读到这里，我都一边哭一边想，小人鱼为什么那么傻啊？后来我才渐渐明白，她之所以那么傻，是因为她深爱着王子。于是，在我的心里，爱情是非常伟大的，爱情是有自我牺牲精神的。

我也曾希望，自己也会遇到一个深爱的人，并为他而不惜牺牲一切。当然，我憧憬的爱情，不是像小人鱼那样只是一种"单恋"，而是他知道我的爱，而且他像我爱他一样爱我。

长大了，读的书也多起来，我还常常找那些写爱情的书，想进一步地了解在我童年时就给了我美好憧憬的感情，究竟是一种怎样的感情。可是读的书越多，我对爱情的认识越困惑。

无论是勃朗特、卡德兰，还是琼瑶、三毛，她们笔下勾勒出的人物，可以为情而生，为情而死，为情而郁郁终日，为情而食不甘味：爱情似乎是荒唐的。罗密欧、朱丽叶殉情而死，包法利夫人因为一个放荡不羁的贵族服了砒霜，贾宝玉为了一个纤弱的女孩而当了和尚：爱情似乎是可怕的。更让我无法接受的是劳伦斯的作品，什么《白孔雀》，什么《儿子的情人》，爱情在他的笔下变得那么丑陋，岑凯伦、雪米莉甚至我曾喜欢的作家贾平凹在他的《废都》里也有大量不堪入目的性描写：爱情是令人恶心的。我心中曾向往的伟大变得如此荒唐、可怕、丑陋、恶心。

多少次，我曾在梦里重温童话中的美好，可是，醒来后我却觉得生活中不再会有这种美好，这常常令我更怀念童年时的生活，真希望自己不要长大，不要面对那已经丑陋了的现实。

现在，在我心里，爱情是伟大与邪恶的结合体，我对她既有向往又有恐惧。老师，您能告诉我，我该如何面对自己的这种心态？

您曾和我们说，文学可以给人以滋养。可为什么我却在文学中迷失了呢？

看来，她读的书可不少。

问题提得很好。虽说她谈的是文学阅读，但这个问题又不只限于文学，比如影视、网络等。在给她的信里，关于文学和爱情，我只是做了简要概括地回答，对她信中提到的作家作品，我准备找时间再和她具体地谈谈。

随信还附上我登山时拍的两张照片。我对她说：

这两张照片，是我同一天拍的同一座山，只是拍照位置不同，一张是在山脚下，一张是在山顶上。

山脚下，有限的视野看到的是局部风景；山顶上，视野开阔了，居高临下看到了大地、田野、村落、河流……且"荡胸生层云"的感觉油然而生。

阅读也与此同理。如果你只是将视野局限于爱情描写这一局部的内容，你便会觉得有的东西不可思议；但如果你的视角跳出书中局部的有关情爱、性爱的描写，纵观全书内容，从人物命运、社会的背景中去理解，那么，你就有了认识的广度，你就能从这些描写中读出意义，而不会仅以局部的感觉给爱情做一个简单的结论。

爱情是美好的，但在复杂的社会生活中，人们因教养、性格、价值观、人生阅历等各方面的不同，对男女之情的理解必然是不同的，对爱情的追求和表达也不会相同。当作家写入书里，就有了你所看到的形形色色的"爱情"。而文学中的"爱情"，因其个性化的表现，便有了认识意义。文学中的相关描写，让我们从爱的角度得以了解更多人物的心灵世界，了解诸多社会因素在情感世界里的折射，我们不就进入了一个更广阔的认识领域了吗？

文学作为"人学"，性的描写有时是人物塑造不可缺少的，因为那是人性的一部分，我们可以通过它来了解一个人的思想性格以及时代给人留下的烙印。比如司汤达的《红与黑》，我们从主人公于连和市长太太德·瑞那夫人以及木尔侯爵的女儿玛特尔的有关的性爱描写中，不仅可以剖析一个平民青年力图改变社会地位而扭曲的心灵世界，而且可以从于连这个文学人物的身上进一步了解那个时代。关于性爱，我还要说一句，不要认为那是一种龌龊，那是人性中的一种特殊形式的美好。劳伦斯有一句话阐明了这个道理："性和美是不可分离的，就像生命和意识那样，那些随性和美而来，从性和美之中升华的智慧就是直觉。我们文明的最大灾难就是对性的病态的憎恨。"我们不但要以科学的态度去了解性，还应该用美学的目光去看待性，要知道，性是人性中隐秘而又神圣的部分，是两个灵魂交融的一种升华形式，她是人的精神世界里的一种体验。而作品中不同人物所呈现的性爱，正是作者以此来表现其灵魂的一种途径，丑，抑或美，都是为表现人物而存在的。如此去理解性爱，你在阅读过程中，就不会因为偏见或误读影响了你对作品的理解。当然，不可否认，有些低俗作家的低俗作品，是没有任何审美价值的，这样的书就不要去看了。

顺便说一下，文学对我们爱的情感的滋养。

"爱的艺术描绘和表现确实是一块神奇的结晶体，它使人们得以观察到任何时代和任何民族社会生活的本质特征；同时，借助于它的反射，爱情自身的实质也清晰地显示出来。"（瓦西列夫）可见，文学作品中爱情的认识意义对读者的爱情观会产生潜移默化的影响。

比如你们熟知的《麦琪的礼物》，你在感动中会意识到，"当一个人体验到真正的爱情时，他就会表现出自我牺牲的精神和巨大的道德力量。"

比如《简·爱》。故事里，一个身材瘦小又无动人姿色的家庭女教师简·爱，和男主人罗切斯特相爱了。他们的彼此吸引，没有任何精神以外的物质因素，有的只是彼此心灵的"友好和坦率"，以及彼此人格的平等和尊重。女主人公简·爱作为19世纪的女性所表现出来的独立意识和自我尊严，对于21世纪的我们仍然有着重要的认识意义。

我们刚学过不久的《荷花淀》，也给我们展示了爱情的美好。水生嫂在水生晚归时所流露出来的细致入微的体察，夫妻惜别之夜水生嫂与水生那尽在不言中的告别，将一个妻子爱的柔情、体贴表现得质朴而自然，让人心动。

不多说了，先写到这儿吧。

对你信中提到的一些作家作品，我会找时间和你一起探讨的。

4 行走于不同的情侣路

何维的信，是我在信堆里一眼看到的，白色的信封被他涂上了彩色的图案，十分醒目。一个喜欢在色彩世界里想象的学生，对于爱情，会说些什么呢？

曾老师：

您好！您的这堂课，给我们展示了优美的生活画面：一对相爱的人，散发着松木气味的小木屋，绿色背景下的小花园，成熟的庄稼摇曳在无边的田野上，金色的朝霞涂抹在清晨的天际……童话般的情景，令人心生美好的憧憬。在这如诗如画的意境中，我感受生命被自然拥抱的感觉，心像水一样的纯净，山一样的踏实。爱情，"永恒的美与力量"，确实独具魅力，让我沉浸在神圣之中。

但是，当我从美好的憧憬回到现实中，却又涌出一种悲哀。那纯洁、忠诚、永恒的爱情，那同生共死、同甘苦共患难的相依相亲的爱情，在现实生活中还有吗？

现在如果还有人执着地追求这理想的爱情，肯定会遭到阅历丰富的人们的讥讽："这世界上哪还有这样的！爱情不能当饭吃，不能养活你！"因人类文明而诞生的爱情，现在已经面目全非了。越来越现实的人，已经把爱情与金钱、地位、权力结合在一起了。女人为了金钱，情愿嫁给毫无感情基础但却可以给她提供安逸生活的男人；男人为了权力和地位，宁肯和自己不爱却能给他仕途之路带来前途的背景女人结婚。不要说金钱和权力会让人去和自己本不爱的人结婚，就是曾经相爱的人，也会因耐不住寂寞或生活清贫而分手。

在这个日新月异的时代，感情也是瞬息万变。现代爱情脆弱到经不起一点儿风雨，哪里还能同舟共济，哪里还有美好可言，哪里还有永恒可传。

苏霍姆林斯基说："只有在他像人那样去爱的时候，他才是一个真正的人。如果他不懂得爱，不能提到人性美的高度，那就是说，他只是一个能够成为人的人，但是还没有成为真正的人。"我相信这句话是对的。但为什么现在的一些人却没有去为自己成为一个真正的人而爱？他们只知道爱钱、爱权，就是不知道真心地去爱一个人，而且他们的爱是那么容易改变。老师，为什么时代在前进，而爱情却在退化，这是时代发展的过错还是人类自身的过错，或者是爱情"发展"到一定阶段的必然？老师，您能告诉我吗？

老师，我向往美好的爱情，可是，现实让我迷茫，看不到爱情天空的清澄。

理想中的美好爱情，现实世界中还会有吗？

现实中，"爱情"，被一些人演绎得很不堪。

他们在游戏自己情感的同时，给社会带来严重的精神污染。对还没有识别力的孩子来说，有着极为糟糕的影响。那些糟糕的父母，那些名气很大的公众人物，其坏榜样的巨大破坏力，不亚于自然环境中的雾霾。区别在于，一个是空气污染，一个是精神污染。

何维的困惑是有代表性的，这不仅仅是他个人的困惑。

当夜，我便给他写了回信。

何维：

你好！前些时候，我们班去了伶仃岛，玩得真的很开心。

还记得伶仃岛上的那条情侣路吧。它和珠海市区里的那条情侣路，完全没有相似之处。那里，没有宽阔的路面，没有绿色草坪的渲染，也没有色彩缤纷的花朵点缀。它是一条窄窄的小路，一条用石块筑起的小路。但它的名字同样美丽浪漫：情侣路。

这条外伶仃岛上的依山傍海的小路，真是很美！路的一旁是无边无际的湛蓝的大海，路的另一边是山石嶙峋的岛屿。路是顺势而建，故有海岸的曲线，山势的起伏。它像一条裙带，系在山海之间；又如通幽的曲径，伸展在蓝天大海之间。

相比市区的那条"豪华"的情侣路来说，它似乎有些"寒酸"，但这窄窄的路，情侣行走其间，会靠得更近，可以感受彼此的心跳，彼此的气息，而无须语言传达心声。路的起伏处，有天然的石头砌的石阶，行走中，多了几分脱俗也多了几分吃力。

　　两条不同的情侣路，会让你有怎样的联想呢？

　　我想，两个真心相爱的人，无论走在哪条情侣路上，都是爱意浓浓的。路的"豪华"和"寒酸"都不会影响彼此的情感。

　　你说，是吗？

　　爱情，只和两个人的情投意合有关，与金钱物质权力无关。

　　那种"宁在宝马里哭，不愿在自行车上笑"的人，他们选择将自己的感情作为金钱物质权力的殉葬品，是他们的选择。但爱情与他们无关。

　　建立在金钱、权力之上的男女之情，是与爱情毫不相干的一种交易。当一个人把物欲和权欲凌驾于情感之上，必然以出卖心灵自由的巨大代价，放弃美好、圣洁、永恒等崇高的精神境界，他们满足于蜗居在物质堆砌的深谷中，匍匐于权欲的横流里，他们那看似光鲜体面的躯壳，深藏着的是得不到阳光且发育畸形的猥琐心灵。

　　心向爱情美好的人，是绝不会这样的。

　　每个人的价值观不一样，决定了每个人的爱情选择的不同。即使社会上物欲权欲置上的人并不鲜见，但我相信，他们是无法颠覆爱情美好的真谛的。不是所有的人都会效仿他们的。至于你提到一些人感情的瞬息万变，还有"爱情"的脆弱，也和真正意义的爱情无关，这些，只关系他们个人的道德水准，只关系他们个人的人生追求。

　　最后，我还想说的是，时下"流行"的"高富帅"和"白富美"的择偶标准，其实也是这一类性质的情感，爱情，若以这样的标准为前提，那还是爱情吗？

　　对爱情，你无须怀疑，无须迷茫，坚持你所说的，"向往美好的爱情"，你心里自会晴朗无云，阳光明媚。真正的爱情，唯有心怀美好信仰的人才会拥有。

　　相信爱情，相信自己。

5 并非美貌才见钟情

一个精美的信封，考究的暗纹纸，印着粉红和白色相间的条纹，上面画着一个梳着鬓髻的胖胖的小女孩，身穿红色的背带裤，大大圆圆的白色眼镜架在脸上，两只小胖手托着脸上的腮红处，一副可爱的模样。信封口是用两块很小的透明图案纸粘住的，一看就知道，准是一个细心女孩写来的信。

打开信封，果真没猜错。写信的是班里坐在前排那个总是笑眯眯的雷小雯。

曾老师：

您好！以往都是和您面对面地说话，现在却在纸上以书写的方式与您交谈。这是您的要求，这封写给您的信，必须以传统的书信方式，用笔写在信纸上，并装进信封。当我摊开信纸开始写的时候，心里有一种特殊的感觉，好像在与您说悄悄话，心敞开了，这样的感觉还真是挺好的。想到我的信寄出之后，还会等来您写给我的信，内心还有美好的期待。

老师，读了苏霍姆林斯基的信，"爱情"这个词在我脑海里仍然寻找不到一个准确的定义，我的心里只有一个朦朦胧胧的感觉，心里还是充满了许多疑问，爱情的力量究竟有多大，爱情真是那么纯洁神圣吗？……

虽然生活中也有苏霍姆林斯基在信中所说的那种爱情，夫妻相爱相守一辈子，一起走过银婚金婚。但是这样的太少了，现在的爱情已经变得不可思议了。我看到现在很多女孩信奉"干得好不如嫁得好"，为了嫁得好，她们不惜采取各种方式去追求所谓的美貌，在她们看来，爱情对女人来说，只要有了美貌便唾手可得，美貌成为获得爱情的唯一资本，什么内涵，什么修养，什么品德……这些都不重要了。有的女孩为了漂亮，百般修饰不算，还去整容，改变自己原来的容貌、身材。媒体有关这类的广告也是铺天盖地，好像美貌成为人生头等大事了。

我很不明白，这个世界怎么了？为什么女人要获得爱情必须这样去取悦男人？我曾看到过一篇文章，题目是"女为悦己者容"，为了自己喜欢的人而打扮得更漂亮是可以理解的，但为了取悦男人而改变自己本来的面貌就不可理解了。另外，难道女人就是为男人喜欢自己而活着，难道为了男人喜欢就应该不惜一切代价去美化自己？还有，时代在进步，人们对美的追求应该更加深刻而不是肤浅啊，但事实却恰恰相反。

爱情应该是两情相悦，但相悦仅仅是人的容貌吗？

我希望爱情是纯洁美好的，这纯洁美好应该属于心灵上的东西，而不是感官上的。一个人总要老的，容貌用再高的医术也不会永葆青春美丽，如果爱情维系在容貌上，那不是持久不了吗？所以我认为，能够持久的爱情，唯有心心相印，而不是其他。

老师，我不是漂亮女孩，但我绝不会为了追求所谓的美貌而改变自己。我的生命是父母给的，我的身体来自父母的遗传，无论我的容貌身材是怎样的，唯有使其保持自然的状态，那才是我，而不是别人。所以，我不会去改变自己的模样，哪怕不符合社会潮流的标准，我也不去改变。

但我也有担心，我心里渴望美好的爱情，如果因此得不到爱情呢？老师，您说，如此不合潮流的我，在未来生活中能寻找到那种美好纯洁的爱情吗？

希望您能给我指点迷津。

其实，这样的困扰，不仅她有，其他女孩心里也有。虽然她们还未踏入社会，但社会上的一些不良风气却通过各种传播方式影响了她们，这样的"精神污染"，对还没有形成自己价值观的年轻人来说，是缺少辨别力和抵御力的。雷小雯信中提的问题很好，很有必要就这个问题对学生们进行正确的引导。

那么，就从给小雯的回信开始吧。

小雯：

你好！读了你的信，我很高兴。即便现实中有不美好，你也仍然相信爱情的美好。这很好。一个人，总是要心怀理想，执着于信念的。事业如此，爱情也如此，你说，对吗？

你信里提出的那些糟糕的社会现象，我与你有同感。确实，太让人不可思议了。但这不是爱情的问题，而是人的问题。爱情还是爱情，亘古不变，依然纯洁、美好、神圣。但这些人不一样了，当这些女孩将人生追求设定于走"捷径"，那么"干得好不如嫁得好"，靠依傍男人，坐享其成，就成了她们的人生信条了。而她们对美貌近似愚蠢的追求也是她们心理状态的一种表现了。

现在流行的各种整容，也正是迎合了这些人的心理需求。

女孩子希望自己美丽，这并没有错，"爱美之心人皆有之"嘛。但如果将美貌作为情感交易的筹码，这种美的追求就低俗了。为了让自己拥有流行的美貌，就以时尚"美"的标准来进行"改造"，把自己弄得面目全非，成为人造"美女"。如此煞费苦心所做的一切，竟然是为了以美貌博得男人的欢心，从而得到所谓的爱情，达到"嫁得好"的目的。

其实，这样做是很可悲的。借助于现代医学技术，可以让容貌改变，但这样的改变是不可能持久的，即便终其一生都不停地进行整容，这美貌也是保持不住的，这是基本常识。且不说整容对身体怎样都会有不同程度的伤害，就说成功整容之后，也不可能如自然那样生动，甚至，整容整到后来，有的人脸部僵掉了，身体也残了。到了这种地步，当初她以美貌获得的"爱情"还会存在吗？何况，这样人造的美貌，总还会露出马脚的，那时，又如何去"拯救"爱情？这样的"造假"无异于"欺骗"，而爱情是可以欺骗的吗？

你问：爱情应该是两情相悦，但相悦仅仅是人的容貌吗？

我想说，两情相悦，不排除有容貌的因素，但更重要的是心的相悦。何况，容貌的因素是因人而异的，不是有句话说"情人眼里出西施"吗？

说的就是这个道理。而心的相悦，则是更为复杂的，比如行为举止，心地性格，修养学识，等等。这些才是决定两个人能否长久地相爱相处的实质性因素。

先说这些吧。

最后，我要告诉你，我非常欣赏你信里的这段话，"我不是漂亮女孩，但我绝不会为了追求所谓的美貌而改变自己，我的生命是父母给的，我的身体来自父母的遗传，无论我的容貌身材是怎样的，唯有使其保持自然的状态，那才是我，而不是别人。所以，我不会去改变自己的模样，哪怕不符合社会潮流的标准，我也不去改变"。

不过，你里面提到自己"不是漂亮女孩"，我想再一次强调，每个人对漂亮都有自己的标准，在你未来找到爱情的时候，在那个爱你的男孩眼里，你一定是美丽可爱的，你无须别人夸你漂亮，你的美丽只有爱你的人才会懂。就像小王子说的那样，"她是我的玫瑰"，在小王子心里，这朵玫瑰是独一无二的，最美，最好。而你，可以非常自信地面对他，因为你是真实的，无论是容貌，还是爱他的那颗心，都没有任何的虚假。

记得托尔斯泰有句话："一个人不是因为美丽而可爱，而是因为可爱而美丽。"我真诚地告诉你，在我眼里，你是可爱的，美丽的。你，应该有这个自信！

请不必担心。不合潮流的你，以自己的明智，会寻觅到美好爱情的。请记得，到了那时，不要忘记给我再写一封信。好吗？

6　爱的告白慎重回应

打开办公桌抽屉，面上有一封信，估计是谁塞进抽屉的。

这是一封没有落款的信。谁写来的呢？看完信的内容，知道是个女孩。她期待着我的回信，在信的末尾，还留下了一个电子邮箱地址。

曾老师：

您好！请原谅我没有署名。不是不信任您，而是这件事情涉及另外一个人，如果我私自将此事告诉您而又没和他打招呼，这应该不太好。所以，只好不署名了。

我最近被一件事情困扰。前些天，有个男生，也不知道他是怎么知道我手机号码的，给我发了条短信。我觉得很奇怪，平常和他基本都不说话的，怎么给我发短信？他的短信也就是一个问候，想到和他是一个班里的同学，不理也不好，就礼貌性地也问候了他一句。几天下来，我们就是每天一个彼此问候，没更多的话。过了几天，他突然发了一条很长的短信，说他喜欢我很久了，一直想向我表白，但没有机会，这回知道了我的手机号，所以就用这种方式和我联系，还说，想和我做朋友。我回他："我和咱班同学都是好朋友啊，你也不例外。"他回说："不一样的。我说的是男女朋友的那种。"我明白他意思了，就回他说："这，你想都不要想，绝对不可能的。"他回了个"为什么？？？？？？"后面连着六个问号。我说："不为什么。"他说："你得告诉我是为什么？"我说："凭啥？我就不告诉你。"他说："因为我喜欢你。"我说："那是你的事儿，和我没关系。"他说："咋没关系，我喜欢你，咋和你没关系？"我气了，回道："你愿意喜欢，我没让你喜欢。"他说："你是不是和别人好了？"我觉得他太无理了，就很冲地回了句："是又咋了，不是又咋了，你管得着吗？"他说："你凶啥呀，我不就是问问嘛，我想知道自己还有没有机会。"我觉得他太胡搅蛮缠了，就回他说："告诉你，没机会，你就死了这心吧！你不是问我为什么吗？我告诉你，我烦你！讨厌你！"他不吭声了，没再发短信过来。

我以为这事就过去了。没想到，不是我想的那样简单。课间，一个不经意的转头，和他的目光碰到了一起，我被震着了，那是一种我从未看到过的目光，我无法描述，但那目光让我瞬间想起自己曾发给他的那则短信："我烦你！我讨厌你！"我突然觉得，自己伤害了他。我的心不安起来，无法说服自己去忘记，也无法让自己不去在意。

老师，我该怎么办？

您能告诉我吗？

如何面对爱的告白？这不仅是孩子们当下会遇到的问题，也是他们未来会遇到的问题。近些年，校园里偶发的青春情感的悲剧个案，有些就与此有关。这个问题，是需要认真对待的，不可疏忽。其涉及的，不仅仅是爱情。

我按照她给我的邮箱地址，发了一封电子邮件。

亲爱的女孩：

你好！你很机灵，把信塞进我办公桌的抽屉里，哈，你是什么时候溜进来的呀？

信看到了。我不想去猜你是谁，而你以匿名的方式给我写信，并隐去他的名字，还有，你因他的眼神而感到不安，这些，都让我感到，你是个善良的女孩。

看了你俩的对话。实事求是地说，你有的话，确实挺伤人的。

看得出来，你对他唐突地表达爱意，很反感，这大概是你说话很冲的原因吧。

你拒绝他，当然没问题，这是你正当的权利。但以怎样的方式拒绝，的确是个问题。

我想，他应该喜欢你很久了，一直没有找到机会表白，这次用短信的方式向你告白，大概也是因为得知了你的手机号码，终于找到了机会。应该说，他说话确实太生硬，还可以说，他不大"会"说话，也不大懂得如何得体地表达。此外，他还有点小执着，遭到你拒绝，以为你可能另有所爱，于是不甘心地追问你，想确认自己还有没有机会。还有，从他发的那些短信来看，这是个性格比较内敛的男生，他不敢约你，没有勇气与你面对面，所以才用短信的方式向你表白。

你现在冷静下来，再看看你俩的对话，你还觉得有必要那么发火吗？他的言语中对你没有任何的冒犯，只是表达了他的喜欢，表达了想和你做"朋友"，不是吗？你说了那些过激的话语，他也没有"回敬"你一句，而是选择了沉默，不再打扰你，这说明他有自控力，也有很强的自尊。

你应该知道，每个人都有喜欢和不喜欢的权利。他喜欢你，没有错，他有喜欢的权利。你可以不接受他的"爱情"告白，但你不能因此而否定他的喜欢是一种美好的情感，更不应该用过激的话去伤害他心中的这份美好。其实，同学之间，青春期的"爱"或"不爱"，都可以用平和的方式来解决，是不是呢？

你信中说，"一个不经意的转头，和他的目光碰到了一起，我被震着了……我突然觉得，自己伤害了他。"我想，你现在已经意识到自己的做法不妥了。而你写这封信给我，也是希望我给你一个建议吧。

那好，我就提个建议，供你参考。你找个时间，坦诚地和他谈一谈。一是告诉他，你意识到自己当时说的那些话很伤人，为此表示歉意，希望他原谅。二是希望他知道，他唐突的爱情告白，让你在没有任何心理准备的情况下，产生了一种反感的情绪，这是你恼火的原因。三是让他了解你的想法，你可以用委婉的方式，给他一个明确的理由，比如，你觉得自己目前没有能力去爱，当然，我只是打个比方，具体的理由，到时由你自己去和他说。总之，要坦诚，要明确，要尊重。当然，话又说回来，你的拒绝无论怎样，都是会让他难过的，但这是他必须面对和承受的，这是做人应有的担当。每个人正是在这样、那样的担当中，得以成长，走向成熟。

　　还有，就这件事情来说，不知你有没有想过，如果他是个火爆脾气的人，面对你的那些有伤自尊的话，事情将是怎样的后果？据媒体报道，校园里，因为求爱不成而反目成仇，甚至动用暴力的事也时有发生。在这样的事件中，悲剧的制造者，有其性格、心理、道德上的问题，但处于事件中的另一方，有的也存在处理欠妥的问题。所以，遇事要冷静，人在不冷静的情况下，话会说错，事情会弄糟。

　　记住，拒绝只限于"求爱"这件事情，而在同学间的交往上，一切还应该回归正常，不要拒绝了"爱情"而毁掉同学间的友情。

　　多说一句，爱情告白的问题，在你未来的生活中还会发生，尤其是踏入社会后，人复杂了，情况也会复杂很多。一定要懂得如何拒绝，也要懂得保护自己。总之，明智很重要，自重很重要，勿忘。

　　好了，先说这些。还有什么问题，欢迎你继续来信。

7　网恋的他落荒而逃

刚进校门，就被收发室保安小黄叫住了："曾老师，有您的信！"我走了过去。他告诉我，一大早儿，有个学生模样的女生，把一封信交给他，请他转交，临走说了句"我不是这所学校的"，就转身跑了。我接过信，上面写着我的名字，右上角有粗钢笔写的两个字"急件"，后面是三个大大的感叹号。是谁呢？还不是我们学校的？还这么火急火燎的？

我随即打开了信。

曾老师：

您好！想了很久，还是冒昧地给您写了这封信。

我不是您的学生，但我听过您的课，您曾经来我们学校，在我们班上了一堂爱情教育课，讲的是《给女儿的信》。后来，又读了您的书《爱，你准备好了吗？》，让我对爱情有了更多的了解。懵懂的我，也有藏在心里的"爱"，您让我懂得了，这种感情很美好，是青春的馈赠，要珍惜和爱护。老师，借这个机会，向您说声谢谢！

今天写信给您，是有件急事向您求助！

我的表妹最近深陷网恋，不能自拔。我怎么劝，她也不听。再过一个多月，学校就要放暑假了，她已经和那个网上的男孩约定见面了。那个男孩在另一个城市，她要去那里找他。看她目前的情况，那是非去不可的了，我是拦不住她的。

这个男孩自称是北大中文系的大一学生，他和我表妹聊天的时候，总是炫耀自己在文学方面的博学，时而还显摆一下他自己的才华，这让喜欢文学的表妹对他佩服得不行。就这样，他们很快就越聊越近了，之后就恋上了。我曾向表妹提出疑问，他一个北大学生，怎么会和你一个初中生谈得那么投机，他周围的才女应该很多啊。表妹告诉我，他说，那些北大女生都是书读得太多的文傻，和她们说话聊天，很闷，很无趣。我问表妹，他说没说喜欢你什么呀？表妹说，他说喜欢我单纯、活泼、聪明、善良，还说和我说话聊天很开心。我又问表妹，你凭什么相信他是北大中文系的学生？表妹说，我问文学方面的一些问题，他都知道，有时还写诗给我呢。痴情的表妹把他写的这些情诗用一个漂亮本子抄了下来，我不禁心生好奇，想看看这些情诗，表妹很得意地给我看了。我虽然不懂诗，但读起来觉得还挺好的，有些诗句很美。比如，我记得的有，"爱是什么，爱就是笼罩在晨雾中的一颗星""爱就是充实了的生命，正如盛满了酒的酒杯"……他的诗还是写得不错的，看来还真有才气，但我还是对表妹这事有许多不放心。毕竟网络是虚幻的，曾经看过一些网恋骗局的媒体报道，很怕表妹受骗上当，所以还是会提醒她多留个心眼，别轻信。但她现在根本听不进去。就像这次他们约定暑假见面，我是不赞同的，劝她不要去，但她还是坚持要去。我很为难，既要为她保密，又要为她担着心，可问题却解决不了。

曾老师，我总觉得网恋是不靠谱的，我很想帮表妹，可又不知怎么帮。现在，最首要的问题是如何阻止表妹去和他见面，您能不能给我想个办法？

给您添麻烦了，但我能想到的可以求助的人，只有您了。您是既能为这事保密，又能解决问题的人，我找不到第二个人了。

老师，我表妹两岁的时候失去了妈妈，她爸爸娶了后妈，对她不好，后来我妈把她接到我家，像待亲女儿一样对她，我俩相处得也像亲姐妹，所以，这事儿我是不能不管的。相信您能理解我急迫的心情。

先谢谢您了！

落款是"刘小云"，还留了一个QQ号。

读完信，怕她着急，我马上在QQ上联系了她，告诉她，一两天内给她一个可供参考的解决办法。

我想了几个方案，最后确定了让她表妹自己去实施的那个方案，希望她在这一过程中，实现自我教育。虽然小云对表妹网恋的那个男生只有三言两语的简单介绍，但我却感觉，这个和她表妹网恋的人很可疑。

决定好了解决问题的方案，我就给小云发了一封电子邮件。

小云：

你好！谢谢你的信任。谈不上麻烦，帮助你表妹走出网恋，那是我很高兴做的事。

你的表妹，一个初中学生，陷入网恋，这不得不让人担心。你的不放心是有道理的，也让我感觉到你对表妹的爱护之心，你这个当姐姐的做得很好。

我想先简单和你说说中学生网恋。因为这个问题，对进入青春期的你们来说，已经不可回避。

网恋，尤其是中学生网恋，是有很大风险的，这是网络的虚幻性决定的。有些成年人的网恋都会坠入欺骗的陷阱，更何况对于尚未涉世的中学生呢？正值学习阶段的中学生，时间、精力的有限咱们就不去说了，仅就中学生对人的认识判断的能力来说，也是难以在虚幻世界里识辨真伪的。中学生毕竟还没有踏入社会，只是生活在相对简单的校园环境里，网络的迷惑性会轻而易举地让他们失去警惕而导致轻信。轻信的后果，就是上当受骗。网恋，有人觉得不就是网上聊聊天嘛，有什么可怕？不，不是的。这个网恋的过程，其实是有危险存在的，具体地说，会有精神污染的。如果遇上一个道德败坏或居心不良者，他会在聊天中，以甜言蜜语博得你的好感，还会想尽办法投你所好；在取得你信任后，他会在你心理不设防的情况下，试探性地一点一点、一步一步地以挑逗、引诱等方式令你上"钩"，让还未涉世的中学生受到诱惑。这种诱惑，会给懵懂的年轻学生带来生理与心理的不良反应，从而导致身心失足。倘若再从网络走入现实，进一步"发展"，也就是所谓的"约会"，那就会让年轻学生面临难以应对的局面了。从虚拟的网络走入真实的现实，不会如想象中的那么

"美妙"，甚至可能遭遇身体伤害、敲诈勒索等犯罪行为。并非我危言耸听，仅据媒体报道，这种情况现在已不罕见了。

所以，我个人的意见是，对中学生来说，不要去"触碰"网恋，因为，网络是一个太复杂的环境，去那里寻找爱情，近似虚无缥缈的幻觉，会从云层间跌落到地面的。与其"网恋"，不如在现实的同学交往中，感受真实的美好友情，让自己的情感丰满起来，以在未来的生活中寻到真爱。爱情，人类永恒的美好情感，是需要认真地用心去寻找的呀！你说呢？

网恋的话题就先说这些吧。现在来说说你表妹的事情。

从你三言两语的介绍中，我已经可以肯定这个人是不诚实的。

你谈到他给你表妹写情诗，你觉得不错，还引用了几句。我可以负责任地告诉你，这几句诗，不是他写的。"爱是什么，爱就是笼罩在晨雾中的一颗星"，是德国诗人海涅的诗句；"爱就是充实了的生命，正如盛满了酒的酒杯"，是印度诗人泰戈尔的诗句。

当然，仅凭这几句诗来对他下结论是不够的，以这种抄袭行为来试图说服你表妹，对于已经陷入情网的她来说，可能根本不算什么。当今网上追星的粉丝们对自己的崇拜者不就是极宽容的吗？何况恋人？

但是，即便你表妹根本不把这当回事情，但你可以通过这一点的发现，说服你表妹再去确定一些事情。毕竟，无论他出于什么目的，虚荣也好，炫耀也好，抄别人的诗句总还不是什么值得肯定的行为，现在能够为了博得她的欢心抄袭他人诗句，那也难免在其他方面说话有所不实呢？落实一下，总还是好的，心里可以更踏实嘛。你要耐心说服表妹，姐妹情深，她若感受到你对她的爱护，是会听从你的建议的。而从另一个角度说，可能她也希望通过确认一些问题，证明他是真爱。

我想，就把北大中文系大一学生的身份确认作为突破口吧，我个人认为，这个身份是不真实的。我想了几个可以确认他身份的问题，这些问题连同答案，我都放在附件里了。你让你表妹在聊天过程中，很自然地去问，而不要问得很生硬。

之所以让你表妹亲自去确认，也是希望她自己去认识网恋，达到自我教育的目的。如果她不愿意，那也没关系，我还有备用方案。

好了，说到这里吧。事情进展中，可随时联系我。

这件事情的结果是：小云的表妹还是很配合的，她按照我列的几个问题去进行了确认。自称是北大中文系大一学生的他，对那些问题的回答是驴唇不对马嘴，且漏洞百出，他知道自己已经露出马脚，骗不下去了，就突然之间消失得无影无踪。这场网恋，就这样结束了。小云表妹虽然感到很痛苦，但也意识到了网恋的虚幻，也庆幸对方的"庐山真面目"发现得早。

六

友　爱

　　人类的爱不可能仅仅出自简单的动物的性爱。……青年人如果不爱自己的父母、同志、朋友，那么他永远也不会爱自己的情人或妻子。非性爱的范围越广，性爱也就越高尚。

——马卡连柯

1 绵绵春雨伞下情

南方的春天是雨水缠绵的季节。这不，刚刚停了一会儿的雨，在放学的时候又下起来了。

"曾老师，你来看，你们班的张静和李彬！"王老师这一声，不但把我叫到了窗前，也把办公室里另外两个老师招来了。我看到两个相依的背影，他俩，打着一把伞，在绵绵的细雨中向校门口走着。

"现在的学生啊！"王老师感叹着。

"就是啊，在校园里都这样，这要是在校外……"另一个老师附和着，话说了一半，看了看我。

可我觉得没什么呀。他俩，除了靠得近些，没有任何亲昵的动作。再说了，打着一把伞，让他们怎么去保持一定距离呢？

这时，张静可能是脚滑了，身体失控，她一下子抓住了李彬，还好，没摔到地上，否则就惨了。李彬反应挺快，一把拉住了她……

"这还搂一块儿了！"王老师说。

可这种情况下，不搂一块儿，难道往地上坐吗？李彬的一只手撑着伞，另一只手拉起张静，两人有肢体上的接触很正常，怎么叫"搂一块儿了"？

"曾老师，我以前就和你说过，他俩早恋，你还不信，这回你信了吧。"王老师说。

我能说什么呢，只好不答。

平常他俩关系确实不错，常在一起，这我是知道的。李彬是学习委员，经常要对班里同学的学习情况进行了解汇总，这都是具体而又琐碎的工作，这时，张静总会帮他一起做；张静是宣传委员，每期板报的刊出，李彬也会忙前忙后。再有，他们两个人的学习成绩在班里一直名列前茅，与其他同学相处也很融洽，而且，从没有看到他们之间有亲密的举动和特殊的表情，所有可能表明"早恋"的迹象，他们都没有。

虽然这么想，但我还是准备和他们聊聊。

我先找了李彬，没有和他绕弯子，直截了当地和他说起来。

"老师，其实您不找我，我也想找您了。"他很诚恳地说，"我和张静是很好，但并不像有人说的那样。其实，我们压力很大，有的老师就在自己的班里，指名道姓地对他学生说我俩早恋。有一次，我在校园里走，学生处的李主任还叫住我说：'你要注意自己的形象，不要总和那个女生在一起，你要再这样下去，以后评三好学生的时候，我们就要考虑考虑了。'说真的，同学们还没什么议论，倒是有些老师对我们指指点点的。我们确实不是像那些人想象的那样。我们很谈得来，互相帮助，既没影响别人，也没有影响自己学习。这错在哪儿了？也许，我们为了避免他人说三道四，可以做出彼此疏远的样子，但这有必要吗？既然我们是朋友，为什么不可以大大方方在一起呢？"

"李彬，我相信你的话。可是，我有个问题想不清楚，你俩每天放学都一起走，有必要吗？"

"我觉得这个问题谈不上必要不必要，一起走就一起走。当然，我们也可以不一起走，但因为那些人说我们，我很生气，所以就和她一起走。让他们说去，走自己的路，这是名人的话。而且，如果我们真因此而互相疏远，不是在默认我们的交往是错误的吗？不是在向那些世俗的偏见屈服吗？"

"但是，李彬，人是生活在群体中的，不能不顾及影响啊，何必给人误解呢？"

"老师，"他看了看我，迟疑了一下，说，"老师，这好像不像您说的话，在我心目中，您不是那种向世俗低头的人，您的许多教育方法都和别人不一样，您甚至还敢抵制错误的循规蹈矩。老师，是不是学校给您压力了？"

"那倒没有，只是听了一些议论，我怕会对你们有影响。我还是相信你们的，和你沟通，就是想确认一下我的判断。"

"老师，我真不明白，我们就是在学习和工作上来往得多了，互相挺谈得来的，所以就喜欢在一起，我们根本没像那些人想的那样谈情说爱，难道男女同学之间只有爱情没有友情？"

看来，他们似乎铁了心要和"世俗"较劲了。但他说的并不是没有道理啊。

"难道男女同学之间只有爱情没有友情？"是啊，男女同学能不能交朋友，能不能有友谊？

按照很多人的世俗观点，男女之间，没有友情只有爱情。即使爱因斯坦和居里夫人的友谊曾被传为佳话，但依然有人以龌龊的假想去否定其美好。

倘若认真地发问：男女同学之间，有没有友谊？大概不会有人回答：没有。但在实际生活中，如果一个男生和一个女生交往多了，人们就会说：他们早恋了。

奇怪的是，这种对男女学生交往的歧见，反倒助长了早恋。究其原因，这种歧见，恰似一种心理暗示：友情即爱情。如此，异性交往的健康心态，被扭曲了，变态了。再加上逆反心理的作用，友情便改变了原本的路径，走向自以为是的爱情。当然也有例外，那就是当事者有较好的判断力，不会被误导，就像张静和李彬。

我们的教育，不但忽略了爱情教育，也忽略了友情教育，还忽略了友情教育对爱情教育的意义。苏联教育家马卡连柯说："爱情不能简单地从单纯的动物学的性欲中培植出来，只有在非性爱的人的同情体验中才能找到爱情的动力……而且这种非性爱的范围越广泛，那么将来的性爱也就越高尚。"一语道出真谛，美好的友情，对男女青年爱情观的形成，有着重要的意义。

第二天，我找了些时间和李彬谈了自己的想法，明确告诉他，我相信他和张静的友情，让他不要有压力，珍惜这份美好。

他大概没有想到我会如此明朗地表明观点，连声说"谢谢"。

我还对他说："别人的看法和议论，很难阻止和改变，但我会尽自己能力和责任，爱护好你们。你们只管做好自己，这是最重要的。"

他连连点头："老师，您放心。"

他看了看我，想了想，说："老师，在学习上，张静对我帮助挺大的，英语是她的强项，而我，英语最弱，现在在她的帮助下，我英语提高挺快的，她那一套自己总结的学习英语的方法还真管用。还有，老师，您知道吗，张静的父母离婚了，她和母亲生活在一起，您看她表面好像没什么，其实她心里有很多苦恼。我挺理解和同情她的，她父母在她身上留下太多的伤害了。她从小在无休止的争吵中生活，后来父母反目像仇人一样，最后不得不分手。每次她向父亲要生活费的时候，都要忍受父亲的刻薄。我有恩爱的父母，温馨的家，可这些对张静来讲是从来没有享受过的。我能给她的一点儿帮助是那么微弱，也只是做个倾听者而已。她对生活很消极的时候，我和她谈谈，她就好多了。这让我感到，在我看来不算什么的帮助，对她来说很重要，而且，这也让我有一种被需要的感觉，挺好的。她现在只有一个想法：考上理想的大学，做一个自立的人，不像她母亲那样，靠男人生活。老师，如果您有空，和她谈谈，可能您对她会有更多的了解。"

"谢谢你，让我了解了她的一些情况。我会找时间和她好好谈谈的。"

"老师，我是班委，她又是我的朋友，做这些都是应该的，您不用谢。还有，您放心，我俩不会早恋的，我们都有自己的生活目标，我们知道现在更重要的是做什么。"

"我当然放心！不过，我有个建议，你们在做朋友的同时，不要忽略其他同学，应该把自己和同学交往的范围扩大些，这对你们的成长也是只有好处没有坏处的。"

"好的，我接受您的建议。以前那是因为赌气，现在想想，其实也没必要。"

和李彬谈话不久，我找了张静的父亲，通过几次谈话，为她解决了一些问题。为了不伤她的自尊，我也和部分同学私下里谈到她家庭的特殊境况，于是班里同学主动地不动声色地给了她帮助。除了李彬的友情，她在集体中感受到更多同学的友情。在宽松和愉快的集体生活中，她变得开朗了，变得随和了，学习也有了更大的进步。

现在，他俩大学毕业好多年了，有了各自的家，仍然是好朋友。男女同学之间是否有纯洁的友谊，这个事例已经给了一个很好的答案。

2 情之有别相依存

卢梭说，进入青春期，是一个人的"第二次诞生"，而这"第二次诞生"是"为了生活"。

谈到"生活"，那就意味着走向社会。在社会生活中，人与人的交往，是很重要的。而这种人际交往的能力，不是与生俱来的，而是需要后天习得的。

人际交往，是一个很大的话题。这里，我们只谈异性交往中的情中有别，即友情和爱情。

校园里，有些青春期的男生女生，彼此有了好感，便以为"爱情"来了，从而忽略了友情的存在。其实，异性之间的美好情感，除了爱情，还有友情。人生，要有爱情，也要有友情。

友情，作为人类高尚、优美的一种情感，它会让你感到温暖、愉快、信任、尊敬……当然，爱情同样也会给你这样的美好感受。

也许你要问，在和异性同学交往时，如何区别友情和爱情呢？

我想，友情是心灵的一种相遇，在互致问候、彼此欣赏、谈天说地之后，自由的心灵又可以闲适地去走各自的路；而爱情则是心灵的一种相拥，会产生一种激情的火花，两颗心紧紧地连在一起，愿意相守一生彼此不再分开。对友情来说，你可以同时拥有几个朋友；而爱情是具有排他性的，你只能拥有一个爱人。当然，最为重要的一点是"性"的态度。异性间的友情，不会有"性"的意向。而爱情，对自己爱的人是有"性"意向的。

伏尔泰说："友谊是灵魂的姻缘，这种姻缘是可以离散的，这是两个有感情和有道德的人之间的默契。"普鲁斯特说：爱情是"彼此相爱的两个灵魂，相互依附在对方身上和心中，彼此不再分离"。如果，我们把这两句话里的"友谊"和"爱情"对调，那就不可以了。从中，你也可以看出两者间的差别。

明白了这些，那么，当你与异性同学交往的时候，不要因为喜欢而认定一定是爱情。应该知道，男女同学之间是可以建立起纯洁友谊的。相对于爱情，友情具有开放性，你会有很多的朋友，而爱情，是唯一性的。如果，你为了并不能确认的爱情，将自己过早地因"唯一性"而放弃了和其他异性同学建立友情，那对你来说，并不是明智的选择。在你并没有能力去拥有真正爱情的时候，我觉得，友情是最明智的选择。友情，使你的情感世界多了一种美丽，你在友情中所体验到的那些美好，会让你的心灵受到滋养，因为爱情和友情都需要信任、忠诚、忘我、关心、宽容、体谅、欣赏……这样，你会因为友情而懂得爱情里那些美好，这对你未来的爱情是非常有益的。无法想象一个不懂友情的人，一个不爱朋友的人，会懂得爱情，会去真正爱自己的恋人。

从另一个意义上讲，你们作为独生子女，你们的心理发展有着不可避免的弱点。在家庭里，你们缺少兄弟姐妹之间的那种手足情深的体验，缺少兄弟姐妹交往过程中彼此关系处理的能力。不仅如此，父母对你们的过度关照，甚至溺爱，让你们心安理得地享受着他人对你的关爱，而不知道去关爱别人，更不懂得如何去关爱他人。而在学校的班集体里，同学间的友情可以弥补你们这些成长中的缺憾。你可以拥有如同兄弟姐妹般的朋友，你可以在彼此的关系中，懂得和学会如何相互关心，相互爱护……

我一直提倡处在青春期的中学生，更重要的是寻求友谊，而不是寻找爱情。爱情对你们来说，无论是从年龄还是阅历，都是很难胜任的。与其力不从心地去涉足爱情，不如在友情中培养高尚的情感，享受自由和快乐。这样，你也就在建立友谊的自然而然中，培养起自己在未来生活中获得爱情的情感能力。

还有，我想说说"尺度"的问题。就是说，男女同学在友情的交往中，还是需要保持一定的心理距离，毕竟男女有别。友情，是有一定的情感依恋的，即彼此会有一种相对亲密的关系。正因为这样，烦恼时，会首先想到向自己的朋友倾诉；快乐时，首先想到和朋友分享；遇到麻烦时，首先想到向朋友求助……这种情感上的依恋，是一种美好，但如果把握不好"尺度"，会产生心理上的越线。毕竟，性成熟之后的你们，心里有一只小鹿，即欲念，它会调皮捣蛋，说不定什么时候就会闯祸。所以，男女同学在友情中，要牢牢把握好一个原则，那就是，你们是朋友，不是恋人，情感上的依恋不能超出朋友的界限，不要造成彼此的尴尬，不要破坏友情的纯洁。

苏联的教育家马卡连柯说："人类的爱不可能仅仅出自简单的动物的性爱。……青年人如果不爱自己的父母、同志、朋友，那么他永远也不会爱自己的情人或妻子。非性爱的范围越广，性爱也就越高尚。"友情，作为非性爱的情感，意义即在此。

我从不反对男女同学交往，我甚至鼓励男女同学交往，因为友谊的意义如此重要。因为，你在获得友谊的同时，也就具备了获得爱情的某些必要的情感素质。

友情，是你为爱情必须做的情感准备。

3 友情撑起一片天

九月，新学期刚开学没几天，一场台风来了。

狂风肆虐，暴雨瓢泼，天地间，顿时迷蒙一片，偶然可见飓风卷起的不明物体在空中翻滚跌撞。树木被拦腰折断，甚至连根拔起，砸向毫无防范的地面。……

台风肆虐过后的傍晚，我从电视里看到了一则令人震惊的消息：因电话线被刮断，教委的一名干部，为通知下属学校确保学生安全，亲自前往学校传达，途中，一堵砖墙将他砸倒，他终因抢救无效，以身殉职。听到这位干部的名字时，一种不祥的预感让我急忙翻出学生登记册，一看，果然是我班里赵恒同学的父亲。

第二天，在飘着雨的清冷的风中，我早早地赶到学校，班里缺席的学生只有一个，就是赵恒。我把赵恒同学的父亲殉职一事告诉了学生，教室里一片沉寂哀伤。

"同学们，在赵恒同学遭受丧父之痛的时候，我相信，你们知道该怎么做。"我只说了短短一句话，没做任何具体安排，因为我了解我的学生。

当日放学后，几位同学代表赶到赵恒同学的家里，带去了同学们筹集的抚慰金和一封签满了全体同学名字的慰问卡。

卡上写了几行字：

赵恒，台风夺走了你父亲的生命，却夺不走你父亲留下的精神。他是属于你的亲爱的父亲，也是属于我们大家的伟大的父亲。我们和你虽非手足亲情，却是亲如手足的兄弟姐妹。让我们一起来承担这巨大的痛苦，让我们一起经受这风雨考验。我们手挽手，坚强面对，苦难将坍塌在脚下！

之后的几天里，班里的同学轮流在放学后去他家里，女同学帮他家里做些力所能及的家务，安慰他沉浸在痛苦中的母亲，男同学帮他处理父亲去世后的一些事务，陪伴他安抚他。

几天后，赵恒同学来上课了。他一进教室，就看到教室后面的板报上写着"为了永远的纪念——伟大的父亲"的显赫标题，标题下登载了同学们为这位因公殉职的父亲写的纪念文章。看到赵恒进来，班长使了个眼色，下面的同学几乎是异口同声地喊出："我们与你同在！"赵恒郑重地走上讲台，对全体同学深深地行了一个礼："谢谢同学们！"当他来到座位上，看到了一摞整整齐齐的活页纸，上面写满了这几天各科的听课笔记，字迹虽不相同，但都记得清清楚楚、工工整整。他眼里噙满泪水，坐到座位上，开始了上课前的准备。

课间，他看了班里这期板报，很感动，在同学们爱的情感中，他感到了一种力量。黑板报的左下方，特意给他留下一块空白，上写"赵恒的话"，他拿起粉笔在上面写下了一句话："你们的爱给了我力量，这力量足以让我去战胜生活中的不幸！"

没过几天，恰是赵恒的十八岁生日，在这悲伤的日子里，他早已忘记了自己的生日，但同学们却都记着。为了祝贺他的生日，我特意把这周的班会课移到了他生日的下午。

班会开始了。

班长走上了讲台："同学们，今天是我们一个同学的生日，十八岁的生日。也许，这位同学已经忘记了自己的生日，但是我们大家都没有忘记。十八岁，人生走向成熟的年龄，也是人生中一个标志性的年龄。所以，我们希望他能在这样一个值得纪念的日子，有一个难忘的生日庆典！"

录音机里流淌出音乐，不是《生日快乐》的轻快旋律，而是贝多芬《命运交响曲》那"命运的敲门声"：0333｜1-｜0222｜7-｜7-｜，然后是圆号引出的表达渴望和追求的柔美抒情的旋律：0555｜1-｜2-｜5-｜51｜71｜26｜650……

同学们在乐声中开始了集体朗诵：

今天，你十八岁，
却已经开始扼住命运的咽喉，
生活过早地将苦难呈现给你，
你却挺直坚强的躯干昂起了头。

今天，你十八岁，
生命开辟了新的航道，
你开始扬起成熟的风帆，
勇敢面对大海的波涛。

今天，你十八岁，
一个充满理想光辉的年龄，
想象在未来的空间飞翔，
志向在现实的港湾起程。

今天，你十八岁，
生日的烛光在祝福中闪亮，
五十颗与你同龄的年轻的心，
和你一起奔向光明的前方！

朗诵完毕。

"下面，由同学们赠送生日礼物！"班长宣布。

一个透明的玻璃樽，里面装满了五彩的幸运星，那是同学们亲手做的，每个同学做一颗，一共五十颗，象征着五十颗心的美好祝愿。

一本自己制作的相册，里面贴满了五十个同学的照片，每张照片的下面都写了一段情真意切的话语。

一只签满了同学名字的足球，这项充满了力和美的运动是赵恒最喜爱的。

三件具有特殊意义的礼物：祝福、友情、力量。

"开始祝福话语'接龙'活动！"

在同学们的欢声笑语中，赵恒沉浸在祝福中，同学们看到了这些天来他的第一次笑容。

同学们簇拥着他，走出教室，走出校园，来到大海边。

天空晴朗了，空气清新了，绿树郁郁葱葱，大海湛蓝湛蓝……明天，生活还有明天。

十八岁，今天自己十八岁了！他意识到自己应该从悲伤中走出，为父亲对自己曾有的期望，为同学们给自己的友爱，还有，为明天将要迎来的太阳！十八岁，从这一天起，他要开始履行一个成年人的职责，帮助母亲一起承担起这个家。

赵恒脸上显露出坚毅。

没过几天，同学们发现，赵恒心事重重，每天来去匆匆。问他是不是家里有什么事情，他说没有，只是看书看得太晚，休息不好。但同学们仍然觉得不对劲。经过几天的"探查"，终于知道了原因，他妈妈病倒了，住进了医院。

班委马上开了个会，同学们也都主动提出要帮助他解决目前的困难。考虑到照顾上的方便，每天课余时间由女同学轮流去医院帮他照顾病中的妈妈。这些女孩子，从来没有护理过病人，有的家庭条件优越，家务事无巨细都由保姆来做，现在一下子要她们去做这些事情，难度很大。但她们都争先恐后地去帮赵恒到医院照料他妈妈。这次护理工作的意外收获，用班里男孩子的话来说：我们班的女生更温柔了。

后来，我在班会课上，对同学们关心帮助赵恒的事情，做了如下评价：

"什么是友情？友情的意义何在？你们用自己的行动做了最好的回答。当灾难突然降临到赵恒身上，我们没有一个同学表现得无动于衷，没有一个同学置身于事情之外。你们汇聚在一起的友情，展示了巨大的能量。你们让我感动，更让我骄傲！"

同学们听了我这番话，开心地鼓起掌来。

期末临近，学校又要搜集好人好事的材料了。我来到班里，问学生："要不要把我们班这次帮助赵恒同学的事情向学校汇报？"

"不要！"几乎是异口同声。

"为什么？汇报上去我们班就可以有评奖的机会了。"我故意这么说，因为我非常想知道自己这段时间的教育效果究竟如何。

"我们做这些，如果拿去评奖，岂不是对友情的亵渎。"

"这是我们集体生活的一部分，没必要把它拿来炫耀。"

"如果爱是为了表扬评奖，那就没有意义了，那就不是爱了。"

"谁都可能在人生中遇到这样那样的困难，谁都会需要别人帮助的，我们是做自己应该做的事。"

"如果爱是需要评奖来肯定她的价值的话，这种爱就是一种廉价的东西了。爱是无价的。"

"老师，您已经给了我们最高的奖赏了，就是刚才您对我们的评价。"

我很感动，一种幸福的感动。孩子们成熟了，他们已经有了自己正确的价值判断。教育，还有什么比这更有意义呢！

我心里还有一种胜利的喜悦，一种在教育观的较量中胜利的喜悦。当孩子们身边充满了各种急功近利的诱惑，尤其是以教育的名义进行诱惑的时候，我的学生没有迎合和接受，他们关注的不是名利，而是如何去爱，去帮助。他们懂得了什么才是应该崇尚的。

他们懂得了、学会了友爱，还有比这更重要的吗？

台风的发生毕竟是一件极偶然的事件，但同学们在事件中表现的爱，让我看到了他们心中的友情。

4　青葱岁月，你我同行

　　一年一度的大型元旦文艺会演即将来临，这将是学生们在高中阶段参加的最后一次大型集体活动了。三年的高中生活，他们朝夕相处，留下了多少难忘的故事，在这最后一次的大型集体活动中，如何让他们在默契的配合中感受友情呢？

　　好几天，我都在苦苦地思索。

　　终于，想出了一个好主意：以组合的形式，排演一出雕塑剧。既给每个人自由发挥的空间，又体现集体合作的精神，一举两得。当我把这个构想告诉学生时，大家一致拍手叫好。

　　毕竟高三了。为了给他们更多的学习时间，我提出自己来写剧本，但又怕他们说我"越俎代庖"，我就说"想要表现一下自己的才华"，就这样，我达到了目的。他们激励我说："能不能拿到第一，就看您的了！"

　　挑灯夜战，脚本终于完成了，也通过了学生们的"评审"。有人竟然表示很遗憾，怎么快毕业了，才发现了这个"人才"，我毫不谦虚地说，现在发现也不晚呀。

　　严格地说，这是一部雕塑诗剧，以诗歌贯穿全剧，配上历史歌曲的背景音乐，然后根据诗歌内容，再现历史场景。剧的名字很通俗——"难忘的歌"，但形式和主题绝对是会演中独一无二的。

　　角色分配，就让他们自己安排了，但原则是我定的，每个人都要上场。我宣布：我的编剧任务到此结束，其余的事情完全由你们自己来完成。

　　这几天，一下课，同学们就互相对台词，研究造型，切磋演艺，还考虑道具的制作，总之，忙得很。但正是在这种忙碌中，同学们的创造能力与协作能力被充分地调动起来了，连平时低调内敛的同学此时也突然表现出了非凡的导演能力。我几次不放心，想要过问一下，但还是忍住了，心想，还是不要束缚他们的手脚。

一天，我路过他们排练的地方，发现王丽在那里闷闷不乐，我走过去问她，她的眼泪马上就噼里啪啦掉下来了。旁边的方慧告诉我，为了排演中的一个动作，她和李伟争执起来了。我给王丽擦去了泪水，和她聊了起来。原来，她认为剧中的王成应该是匍匐上场，然后一个鱼跃在台中亮相，而李伟认为应该是几个大跳，旋转，然后再亮相。我没有表态，只是对她说，要学会合作，要学会商量，心平气和是最重要的。之后，我在足球场上找到了李伟，批评了他，然后问他为什么不同意王丽的意见，他究竟是怎样想的。于是我知道了他们两人的分歧：一个是现实主义的，另一个是浪漫主义的。

"其实，你俩完全可以寻找到一致的解决方案。你先去向王丽道歉，然后你俩好好商量一下。明天我来看你们的确定方案。"说完，我就走了。

第二天，我去看他们的排练。在《英雄赞歌》的旋律中，李伟从舞台的侧幕几个大跳，跳到舞台的中右位置；然后几个平转，到舞台左后方，之后卧倒匍匐至台中，一个鱼跃紧接一个高跳，落下后立定造型。我觉得不错，他俩也高兴地笑了。

音乐的剪辑一直是个大问题，没有什么设备，只好因陋就简。林晓想出了一个剪贴录音带的办法，居然不错，但粘贴必须准确到位，这种细致的活儿离不开女同学。经过林晓的策划和女同学的细心粘贴，一个剪辑好的演出带诞生了。

服装是个大问题，没地方可借。然而，这个问题被学生们的创造性攻克了。演出前，他们让我去看看准备得如何。这一看，让我吃惊不小。

一件血色模糊、伤痕累累的衣服，是为剧中的夏明翰准备的。看到我惊讶的表情，舒歌告诉我，这是集体作品，班里的同学都参与了这件衣服的制作。我更糊涂了。他们却哈哈大笑起来。在我的追问下，才知道他们所言属实。我还知道，制作过程近乎玩游戏。一件洁白的衣服上，被他们在不同部位撒上了一些冲淡了的红钢笔水，然后扔在地上，大家你一脚我一脚地轮番上去踩，晾干后，再重复前面的过程，几次下来，便有了现在看到的效果。

王成手中的爆破筒是什么做的，这么逼真？我拿过来一掂量，怎么一点分量都没有，一问，原来是用几个装羽毛球的纸筒接起来的，外面糊上纸，然后涂上颜色，哈，真是以假乱真了。但是，这给演员的表演增加了难度。不过扮演王成的同学还真演得像回事儿，好像手中真拿着一个沉重的爆破筒。

那些"五四"时期的衣服又是从哪儿弄来的？女孩的中式上衣和裙子，男孩的长衫，江姐的旗袍……仔细一问，都是他们自己因陋就简，有的是改制的，有的是自己做的，还有一部分是想办法借的。

这时，班长递给我一份演出安排的名单，我一看，嗬，真够专业的！从舞台监督、效果、灯光、服装、道具……都全了。看来，我不用操心了，他们想得比我还周全，我只需等着看演出了。

终于到了正式演出的日子。

当报幕的同学报出我们班节目的时候，我的心就提起来了。帷幕徐徐拉开了，舞台上只有一束角灯，投射着两位朗诵的同学，音乐声中，他们开始了朗诵。当读到"英雄们的形象永存在我们的心中"时，舞台的底灯向上打出，一组英雄群像出现在舞台上，台下霎时响起了热烈的掌声。我没有想到，会有这样的场面，原来，在学生们的心中对英雄的崇尚仍然是那么的执着。音乐在继续展开，朗诵在礼堂里响彻，不断变换的造型讲述着一个个可歌可泣的英雄故事。一切进行得有条不紊，一切表演得那么逼真，让你觉得那不是舞台上的演出，而是在历史的回顾中感受着一种久被遗忘的激情。

当帷幕在掌声中落下，我不禁为他们的成功演出感到由衷的高兴。

我们的节目获得了第一名！当主持人宣布的话音刚落，同学们都欢呼雀跃起来，有的彼此拥抱，有的击掌祝贺！

我提了一个建议，到草坪上跳舞去！

这片绿茸茸的草地，平日里是足球健儿驰骋的球场。此时，成了给无拘无束的大舞场。同学们喊着，跑着，扑向草地的怀抱。录音机里打开了，欢快的《青年圆舞曲》奏响了，随着悠扬的乐曲，同学们跳起了我教给他们的集体舞。男女同学手拉着手，翩然起舞。看着他们快乐地跳着，我想起刚接班时教他们舞蹈的情景：男女同学不肯拉手，在我命令下勉强拉起手来也乘我不注意偷偷地松开。而现在的他们，健康活泼的情绪，大方得体的举止，热情舒展的舞姿，充满了年轻的活力，焕发着青春的气息。他们健康的心态，美好的天性在集体的舞蹈中自由地抒发，这才是他们自然的面貌。集体给了他们如此健康的美，给了他们如此奔放的情感，而这集体中，不又分明有着他们每一个人的付出吗？付出中，他们心里又多了一种爱，对集体对同学们的爱。

我不由地也进入了他们的舞圈，像孩子一样地跳起来，完全忘记了自己的年龄。我好像回到了自己年轻的时代。这些可爱的孩子们，让我也年轻了起来。沉浸在激情和幸福中，我在心里默默地祝福他们，有一个美好的明天！

我相信，会有的。

七

准　备

　　爱本身就是一块领地。它有自己的
绿茵、小道和房屋，甚至有自己的太
阳、月亮和星辰。

　　　　　　　　　　　——欧文·斯通

经过校园花坛，听见几个学生在那儿争论着什么。

他们拿着一本书，正议论着书里的一段话：爱情就是从没关系到吻关系，从吻关系到性关系，从性关系到没关系。一个学生说：要是说爱情就是一对男女从以往的没关系发展到吻关系，然后再发展到性关系，这还可以理解，可是为什么又会发展到没关系，又回到了原点？另一个说：你太弱智了吧，这就叫作现代爱情，那种传统的天长地久的爱情是过时了，现在是快餐时代，什么快餐食品，快餐文化，快餐爱情……现在时兴的就是快速恋爱，快速分手，快速更换爱的对象。书里这段话不正精辟地概括了现代爱情吗？有个同学叹道：那不是太可怕了，说不定哪天我回家，我的老爸老妈就会没有关系了，我就无家可归了。刚才还侃侃而谈的那位同学这下急了：啊？那完蛋了！我怎么没想到这一步呢？不行，那可不行，可不能让我爸妈接受这种现代爱情，还是让他们坚守天荒地老的古老爱情吧。几个人哈哈大笑起来，正笑着，突然其中一个学生煞有介事地说：别笑了，别笑了！问题严重了，这书可不能给爸妈看，可不能让他们与时俱进……

有意味的对话。

对爱情，选择性接受。对自己，"现代爱情"；对爸妈，"古老爱情"。截然不同的爱情观，根据需求，应对不同个体。

你能说，那仅仅是搞笑吗？

社会上，关于爱情，各种各样的信息，通过不同形式、不同媒介传播着。那些素质低劣的成年人，尤其是一些有影响的"名人"，以爱情的面具掩盖原始的情欲，误导社会，误导人们。怎样辨别，怎样取舍？对年轻的你们来说，确实很难。于是，有的人就稀里糊涂地接受，懵懵懂懂地去"爱"。

这些传播、这些行为对你造成的后果，最后却要由你自己来承担。

所以，必须自己去想问题，他人是不能替代你去思考的。因为，幸福要靠自己。

不要将偶像作为效仿的榜样，不要让时髦的观点误导你走向歧路。这是必须注意的。

其实，关于爱情，你可以多想想，而不是急于行动。思考，会让你悟到自己该怎样去做选择的。

爱情，其实是很复杂的一种情感，不是你想的那么简单。爱一个人，其实是有难度的，不是你以为的喜欢了就可以了。

它还意味着很多很多。

爱不仅仅是一种感情，它是一种决定，关系人生幸福的一个重要的决定；它还是一种判断，面对自己情感的一个理智的判断；它是一种承诺，面对未来生活的一种庄严神圣的承诺。想一想，心智还未成熟的你，现在能对此做出正确的决定和判断吗？能承担得起你许下的诺言吗？

爱不仅仅是一种感情，还是一种能力。爱的能力，光靠感觉是不会获得的，它是一种综合素质的能力，是需要在你走向成熟的过程中，经过学习才能具备的。现在的你，能说自己具备了这种能力了吗？

爱不仅仅是一种感情，还是一门艺术，一门特殊的艺术——情感世界的艺术。

说到这里，我想起一个故事。一位雕刻家以他独有的艺术眼光发现了一块大理石的潜质，创作灵感由此而生。他把这块石头带回家，开始雕刻。经过艺术家的手，一朵透着生机的玫瑰花被雕刻出来，这是一朵简直可以和自然造化的玫瑰相媲美的艺术品。这朵玫瑰，因为有了艺术的灵魂而永恒。如果没有艺术家的发现，没有他的艺术构想、精心雕刻，会有这朵玫瑰吗？

爱不仅仅是一种感情……

英国作家格林曾说过："唯一能真正持续的爱是能够接受一切的，甚至能接受这样一种看来悲哀的事实：最终，最深的欲望只是简单地相伴。"

听到这话，你大概会呆掉了。爱情，爱情怎么会只是简单地相伴？

爱情应该是波涛汹涌的激情，爱情应该是花间月下的浪漫。不是吗？

哦，爱情可不仅仅是这样。爱情如同一条河流。有浪涛拍岸的激情，也有迂回缠绵的浪漫，但更多的时候，它是在岁月的河床里平静地流动。

在日复一日的流动中，它顺应了河床的高低起伏，经历了春夏秋冬的四季风光，感受了阴晴圆缺的自然变迁。它，就这样，源远流长，细水长流，奔向大海，走向永生。

爱到如此的境界，可不是件容易的事情。

诗人海涅曾有诗云：

我的心也像大海

有风暴

有潮退潮涨

也有些美丽的珍珠

在它的深处隐藏。

是啊，爱情也如大海，波涛汹涌是一种美，风平浪静又何尝不是一种美呢？

当你面对平静的大海，你是否感受到它的深沉？而看似平淡的简单相伴，是不是也如大海，爱得深沉？

爱情，不是一席浪漫的烛光晚餐，只需在短暂的时光中扮演激情和浪漫的角色；爱情是相携一生的漫步，需要你在漫长的行程中始终如一地履行伴侣的承诺。没有深沉的爱，能做到吗？

爱不仅仅是一种感情……

作家安德烈·莫洛亚曾对爱情有过这样的阐述："人类爱情的奇迹，就在于人能在单纯的本能和欲念的基础上，修筑起细微复杂的感情大厦。"感情的大厦建筑在"本能""欲念"基础之上，难度之大是可想而知的，但爱情却能够奇迹般地让这样的大厦矗立起来。而且，这还不是一座粗糙简单的大厦，而是细微复杂的大厦，这不是奇迹是什么？多么美妙的比喻，大厦，需要一砖一瓦地去悉心构建，何况还有细部，建筑工艺的复杂……但奇迹就是这样让爱情创造出来了。

爱不仅仅是一种感情……

伦理学家瓦西列夫说："要想始终保持'相爱如初'，首先爱情的对象必须具有丰富的精神世界，善于做到永不枯竭，只有这样对它的不断感知才能令人感到兴奋而又神秘；其次，钟情者必须具备善于观察的能力、丰富的想象力、细腻的心灵。没有这种品质交融般的结合，即使最热烈的爱情也注定要毁灭。"何等精辟！

还记得《绿》这篇散文吧，那"平铺着，厚积着"的绿在多少人心里留下了难忘的记忆？爱情，就应该如朱自清先生笔下那瀑布潭——梅雨潭，那飞流直下的梅雨瀑源源不断地给梅雨潭注入清澈的水流，梅雨潭才得以有那令人"惊诧"的绿，令人"心旌摇荡"的美。

情感亦如此。"相爱如初"不是信誓旦旦的承诺或一纸"结婚契约"所能保证的。如果没有自身的生命力，任何外在的制约都无济于事的。简单的陪伴并不简单，那必须是有生命的河流，大海，一潭死水如何能行？爱的永恒，爱的相爱如初，需要精神世界的丰富，感知力的灵动，总而言之，爱要充满活力。

爱不仅仅是一种感情……

作家劳伦斯说："爱，严格来说是一种旅行。"何谓旅行？旅行是"在路上"，意味着行走和一路风景。很有画面感的一个比喻。想象两个人结伴而行，行走在人生路上，经历一路风景，亦有风风雨雨，坎坎坷坷……爱，不就应该这样，相携一生，在路上吗？

爱不仅仅是一种感情……

还是忠诚、责任、义务等等。这些品质，都是基于爱情的道德基础。

爱不仅仅是一种情感……

放开思路去想吧。你会由此感受到，爱的广阔、深邃，一个多么令人神往的情感世界呀！

那么，你有足够的思想准备了吗？

哦，还有很重要的一条，《小王子》里，狐狸对小王子说的"爱的秘密"："只有用心才能看得清。实质性的东西，用眼睛是看不见的。"

爱，要用心去看，才能看到实质性的东西。你，可以做到吗？

我们再去想想"那朵"吧，那些经典的爱情，会给你爱的信仰。

我们再去看看"这朵"吧，这些青春的情感，会给你爱的情怀。

向往"那朵"，面对"这朵"。未来的你，也会拥有"那朵"的。有一天，你也会像小王子那样自豪地说："她是我的玫瑰"，或者，"他是我的玫瑰"，也会有幸得到狐狸所说的，"你的那朵是世界上独一无二的玫瑰"。

那你将是多么幸福的人啊！

为了心中的美好期待，现在开始，用心去准备吧！

祝福你，孩子！

最后，我们一起来读一首诗吧！

爱

罗伊·克里夫特

我爱你，不光因为你的样子

还因为，和你在一起时，我的样子

我爱你，不光因为你为我而做的事

还因为，为了你，我能做成的事

我爱你，因为你能唤出，我最真的那部分

我爱你，因为你穿越我心灵的旷野，如同阳光穿越水晶般容易

我的傻气，我的弱点，在你的目光里几乎不存在

而在我心里最美丽的地方，却被你的光芒照得透亮

别人都不曾费心走那么远

别人都觉得寻找太麻烦

所以没人发现过我的美丽

所以没人到过这里

我爱你

因为你帮着我去理解

那生活的不堪

你没有把我

当作你路上的客栈

而是内心深处虔诚的圣殿

对于我的工作

还有我琐碎的每一天

你不是去责备

而是为我倾唱

我爱你

因为你给予我的

远甚于任何山盟海誓

都是为了我好

你给予我的

比任何的恩惠还要多

也都是为了我的幸福

你给了我这许多

没有一次接触

没有一句话语

没有一个暗示

你给了我这许多

仅仅是因为你就是你

也许这才是作为朋友

最终的真谛

后 记

1

三十年前，我给孩子们上了第一堂爱情教育课。

十五年前，我给孩子们写了爱情教育的第一本书。

三十年后的今天，我在回顾与展望中，完成了这本书。

当年，我在帮助学生走出情感困惑的探索中，苏霍姆林斯基《给女儿的信》给了我一个教育的契机；而此后的三十年里，思考和实践，让我对爱情教育的执着，有了持续的动力。

一路走来，我对爱情教育的认识也从开始时的粗浅逐步地深入。

何谓爱情教育？我想，不能狭隘地理解为，是以解决青春期早恋问题所进行的一项教育活动，而应该认识到，这是对孩子们未来人生有着深远意义的关乎情感道德信仰的教育，其任重而道远。

现在，有的大学已相继开设了爱情教育的专门课程，我们的中学教育是不是应该自省呢？照理，中学阶段是进行爱情教育的最佳时机。刚刚进入青春期的孩子们，爱的欲望刚刚萌发，正懵懵懂懂，不知所向，最需要得到及时的指引和教导。不仅如此，这一时期，也正是一个人世界观形成的最为重要的基础阶段，爱情教育是不应缺席的。

无论从哪个角度讲，中学教育，不能对爱情问题不作为。

我们应该给孩子们以爱情信仰。教育家苏霍姆林斯基曾说："要利用人类文明提供的丰富经验，把年轻人的本能的性欲变成高尚的爱的情感。"爱情教育需经由人类文明丰富经验的途径，给孩子们以信仰，将本能的欲念提升到高尚的情感。信仰，就是要让孩子们了解并相信，爱情是人类的一种美好圣洁的情感，她会给人以明智和高尚，她是人生路上的一颗指引幸福的星辰。而树立信仰的过程，也是培养孩子们高尚的道德、丰富的情感、健康的情操的过程，使他们在充实的精神活动和积极的生活状态中体味青春。当然，这需要去做具体而细致的工作，帮助孩子们，去面对和解决青春困惑的问题。

如此，爱情教育在给孩子们信仰的同时，也对他们的道德情感以正面积极的引导，并给予他们做人的明智。

三十年的教育实践，使我愈加感到，爱情教育的领域是广阔而丰富的，那是一个充满魅力的地方，是一个给人以热情、给人以创造力的地方，当然，也是一个给人精神洗礼的地方。

非常希望，更多的人，去到那里。

不辜负它那美丽的存在，不辜负我们教育的使命。

还有，不辜负文明的期望：传承。

2

这些年，校园里的"青春之歌"，有了太大的变化。

三十年前的学生，"他们，像在轻轻地、慢慢地、小心地推开一扇门，带着好奇，有些紧张……他们并不急于推开门，一头撞进门外的风景。于是，他们感受到一个美好的过程，情感的细节在感受中浮出清晰的线条和色彩，就像电影里的慢镜头……"

现在的学生，完全不同了。他们，急匆匆地，连磕带绊地跑向那扇门，勇往直前地冲向门外的风景……未及眺望蓝天白云山川湖泊，未及欣赏姹紫嫣红茸茸青草，更无暇倾听鸟儿的脆鸣流水的潺潺，也无暇感受空气的清新风儿的温柔……就像按了快播键的影带，一片模糊一晃而过……美好，就这么被错过。

这样的现状，能怪孩子们吗？我想，不能。

这绝不是要袒护他们。

三十年的跨度，作为一路走来的教师，我深有感慨。孩子们的变化，皆因我们的教育不作为。

2000年，新世纪初的第一年。我将自己十五年来的爱情教育，写成一本书《爱，你准备好了吗？》。一个从未写过书，且默默无闻的中学老师写的书，在一些关心教育的出版人、知名学者、各方媒体人及众多朋友的关注下，而成为当时的"话题"。央视"读书时间"做了专题访谈，《中国教育报》《中国青年报》《中国图书商报》《人民教育》等多家报刊做了专题报道。当时国家教育部相关领导也关注到这本书和我倡导的爱情教育，邀请我参加了当年教育部举办的"教育论坛"……

不过，爱情教育也只得到那一时的"热情"，毕竟我们的中学教育关心的只是"升学率"，而爱情教育和"升学率"无关，所以，那一时的曾经对爱情教育的关注，除了给所谓的素质教育增加点儿话题之外，并没有在学校教育中得到足够的重视，更不要说得到落实了。

当然，这些年，也有让我欣慰的。钱理群先生主编的《新语文读本》，首开先例，选入爱情教育的篇目。爱情教育由此进入中学生课外阅读的视野。而后，上海教育部门率先在中学语文教材里增添了爱情教育的内容，爱情教育得以名正言顺地进入课堂。另外，也有一些教师开始关心和实践爱情教育。

但是，整体来说，爱情教育还是被漠视，甚至是被无视。而这样的结果，便是我们现在看到的，校园里"青春期情感"问题越来越多，甚至越来越不堪。

教育的不关心，教育的不作为，导致孩子们的青春情感，因世俗影响而失去纯真，因世风日下而走入歧路，那曾经的对爱情的"怯怯"，变成了"勇往直前"，"爱"没有了过程，而直奔"性"的主题。

面对这样的现状，我们的教育依然无动于衷，自顾自地，继续关心着"分数""升学率"。

其实，又何止是"爱情教育"被无视，关乎孩子们精神成长的教育基本都被无视。

与这样的冷清形成鲜明对比的是，我们的教育所呈现的"繁荣"，各种各样的教育"新论"像雨后春笋般出现，五花八门的教育成果层出不穷，可倘若真实地走进校园，却让人难觅切切实实的道德教育、情感教育、理想教育……甚至，知识教育的水准也在每况愈下。

我们的教育，在热闹中，忘记了自己的宗旨。

而我，一个普通老师，在热闹中，很有些纠结。

与其纠结，还不如做点事情吧。于是，有了现在这本书。

我知道，自己的声音很微弱，但我想，总还有人会听到吧，哪怕几个人也好。

我也知道，我写的这本书也许会被挤到书店的角落里，但我想，总还有人会看到吧，哪怕几个人也好。

正是"总还有人"的信念，鼓励我完成了书稿。

幸运的是，写作中，我有同道者。

明知道这样的声音，会被喧嚣所淹没。

明知道这样的书，会因人们的功利心而被忽视。

却依然与我同行。

猛地想起，我的书柜里有一本诗集，名为《有你同行》，作者陶己。

当年喜欢写诗的编辑陶己，现在已是广东教育出版社总编辑。记忆中，十几年前为约稿特地远道跑来找我的她，是个有情怀、有热情，一丝不苟的年轻编辑，十几年后再见，性情依然。

在此，我想借用她诗集的名字，对她说：有你同行，真好。

一起同行的还有本书的责任编辑黄倩，一个有点羞涩、笑起来会眯起眼睛抿着嘴的年轻编辑。我和她，由陌生到知心，经历了一个非常值得回望的过程：期待、信任、理解，对于爱情，对于爱情教育，我们竟然发现，彼此有着可贵的"共鸣"和难得的"心有灵犀"，当这本书即将付梓之际，在爱情理念的天空下，我们的心真诚地拥抱在一起了！不仅如此，她在书稿的审编过程中表现出来的认真和专业，让我感受到，一位好编辑对一本书的意义。在此，我要对她说：遇到你，真好。

感谢她们为这本书的出版付出的辛苦，感谢她们对爱情教育的理解。

　　三十年的"爱情教育"，一路走来，还要感恩许多人。我的学生，我的朋友，我的恩师。

　　三十年后，2015年，金秋十月——

　　我赴吉林。和当年上第一堂"爱情教育"课的学生如约相聚。时隔三十年，仍然有学生能清晰地记起那堂课，包括细节，让我感动不已。还有学生，给自己进入青春期的孩子，读苏霍姆林斯基《给女儿的信》，爱情教育得以传递，令我万分欣慰。……

　　我去上海，与我第一本书《爱，你准备好了吗？》的责编马荭骊见面。当年，她为我的书操了太多心，就拿书序来说，她特意去北京面见钱理群先生，钱先生百忙中看了书稿，欣然为一个素昧平生的普通老师的书写了序。这次，我并未对小马说一个"谢"字，但我以她最喜欢的方式和她相见，并与她有了一次精神上的拥抱。

　　还有，北京。因故未能成行，但，心已往之。《中国教育报》的杨咏梅，曾在我爱情教育二十周年之际，给了我一份厚重的礼物，她策划了四个版面的"爱情教育"专题，主持了"中国教育界第一次正视、第一次严肃而认真的讨论"，她以一个理想主义者的姿态为爱情教育奔走呼告。……

　　感恩在心。教育路上，我和他们的遇见，携手，不一一道来了。

　　在此，仅向"同道者"们，一并致谢。

　　谢谢你们，一路"有你同行"，我很幸福！

初稿 于2015年8月
定稿 于2016年6月

不曾忘记的纪念

那盏灯，依然明亮

一堂美妙的爱情课

那堂课，那篇文

爱情教育是做人的教育

1 那盏灯，依然明亮

曾宏燕

人们对他的称呼，一直在变：老师，教授，主任，院长。因他的职务在变：从语文老师，直至厅级的省教育学院院长。专业领域里，他又是全国学会副理事长，被誉为语文教育专家。

但我却从未改变，一直称他为老师，在我看来，"师"为最尊，其他不值一提。

张翼健，一位真正意义的老师。

"他给予我们的是灵魂，是做人立世的准则。"他的学生这样说。

我想，能够得到学生如此评价而又名副其实的老师，寥寥无几。

能够给予学生灵魂的人，其灵魂必是高尚的；能够给予学生做人立世准则的人，其做人立世也必为楷模。

学生心目中的他："善良，正直，不惧权威，独立思考，傲视强力。"学生把他看成"慈父""守护神"，"像堂吉诃德般挺枪跃马"的勇士。学生更用"卓越""高贵""神圣"这样的词语来表达内心的感受。

即使不认识张翼健老师的人，听着他学生的这些话，也必然对他肃然起敬。

能遇到这样的老师，是学生的幸运！而我，何尝不是呢？

"这夜晚的灯光与黑暗抗争着，闪烁着，时隐时现，给人以希望，促你前进……"柯罗连科的诗从我心中浮出。是啊，翼健先生正是那点燃灯光的人，而我，则是在"漆黑的秋夜"，"乘坐一叶扁舟，航行在阴沉沉的小河上"的那个人。灯光，这茫茫夜色中的灯光，给了我奋而前行的勇气，因为，"光明在召唤"！

1985年的早春，一个还有寒意的日子，我给学生准备了一堂暖意融融的课，关于爱情。课的选文，是苏霍姆林斯基的《给女儿的信》。这封父亲写给女儿的信，让我感动了。我想让学生和自己分享感动，让他们感受爱情的美好，也希望他们能由此来审视自己的青春情感。没想到的是，这堂课，恰好让前来听课的张翼健老师无意撞到了。当他和其他领导出现在我课堂上的时候，我很意外，也想临时改变讲课内容，但我不愿意改变既定计划，课就这样上下来了。下了课，我便做好了挨批的思想准备。要知道，那个年代，在课堂上讲这样的话题，是会被一些人看作"离经叛道"的（当然，现在也依然会有人这样认为）。不料，下午的会上，作为省教育学院领导的张翼健老师，对我这堂课做了充分的肯定。

时隔三十年，我仍然清晰地记得当时的场景。

学校的一间教室，用学生课桌拼起来的临时会议桌，所有来开会的人围坐在一起。我当时心里很紧张，低着头，打开笔记本，准备记录，心里想着可能的最坏后果，但也有了据理力争的心理准备。校长的开场白之后，是张翼健老师发言。"曾老师的这堂课上得很好啊"，听到这句话，我不由抬了一下头，正遇到他微笑的目光。接着，他从选文角度、课堂问题设计、学生思考回答，还有教师的语言、教态、板书等方面，具体而详细地谈了对这堂课的感受。最后，他朗朗地笑了起来，说："要是曾老师在和学生交流时，说说自己中学时期的情感困惑，课堂的气氛可能会更活跃更融洽了。"随着他的笑声，我彻底放松了，当时的心情，就像一个孩子担心惩罚而却意外地得到了奖赏那样开心。

听课评课无以计数的张翼健老师，那时一定没有想到，他对这位讲课老师产生的影响：她从此开始了"爱情教育"的实践，她写了第一本有关爱情教育的书。他当然更不会想到，这位老师三十年后仍对这堂课，对他，念念不忘。

是的，至今，刻骨铭心。

那时的我，表面看来挺"风光"，除了各级的公开课，平常也总有人来听我讲课，还常有机会出席各级学科会议，但我的心却在这样"忙碌"中开始迷茫。20世纪80年代中期，教育开始流行各种各样所谓成功的"招数"，而基层教研机构在这样的流行中，便会仿而效之，推而广之，我自然也被卷了进去。可这样的"改革"热潮，并没有给我带来内心真正的喜悦，因为我发现，自己所读过的那些教育家们的理论，似乎已经跟不上"时代"的脚步，而我一直追求的教育理想，似乎也已经被"现实"所颠覆。方向在哪里？语文课到底该怎么教？教育该如何行？难道就这样跟着"成功者"们亦步亦趋？难道盲目的标新立异就是改革？……疑惑困扰着我，我觉得自己在"黑暗中摸索"，转来转去，找不到方向和出口。

没有想到的是，这堂根本没准备让别人听的课，却对这些疑问给出了回答。说明答案的人，就是张翼健先生。他让我懂得了，这样的课才是有生命的。我突然意识到，这堂有生命的课，不正是来自我自己的思考吗？它与现时的流行没有一点儿瓜葛，与陈旧刻板的老一套也完全不同，它是源于我自己思想的课。我的思想又源于哪里？应源于那些自己曾经读过的教育家们的经典论著，源于我多年的踏踏实实的实践积累，还源于同行间的相互切磋所受的教益。作为一个教师，思考，独立思考，是太重要了。

在这样的领悟之后，我开始调整自己语文教学的轨道。我还从这一堂语文课走向更开阔的教育领地，并开始了"爱情教育"的实践，开始了教育写作的尝试。这一切，可以说，得益于张翼健老师的教诲，我对他，心里一直深怀感激。

曾经想过，假如这堂课被否定，那会怎样？

至少，我后来的"爱情教育"应该是不会有了，即使有，也会延迟若干年。毕竟，身为教育专家和领导双重身份的张翼健，他的评价是带有一定权威性的。而那时候的我还年轻，对教育教学还没有形成自己的理念体系，很容易面对权威话语而动摇自己的。而最严重的是，我很可能质疑自己，失去自信，陷入循规蹈矩，如此，还会有什么作为呢？

幸而，现实没有演绎这样的假设。

遗憾的是，就在1985年年底，我随丈夫工作调动，离开这座城市，到了千里之外的南国小城，不再有机会让张翼健先生亲临我的语文课，给予我具体的指导，倾听他当面的教诲。

在那些日子里，我"乘坐一叶扁舟"，继续着我孤独地划行，即使遇到风浪，也没有放弃。于是，便有了坚持三十年的"爱情教育"，有了写爱情教育的几本书，有了还在孕育中的教育小说，有了……

我的没有放弃，就是茫茫夜色中的那一点灯光，它，给了我抵达的希望。

这盏灯，是张翼健先生点燃的。

2008年，张翼健老师走了。

他的学生在日记里写道："9月18日凌晨，长春刚刚从一场大雷雨中挣扎出来。一个卓越的灵魂，就在这时走到了生命的尽头。"

我在多伦多得知这一噩耗，时已11月。悲痛不已。

看到他写的最后一篇文章是《语文教学三问》。我听到一个遥远的声音，张翼健老师的声音："语文还是语文了吗？"这是一位挚爱语文教育的人，发出的最后一声叹息。

我还听到了，他朗朗的笑声，听到了他对我说的亲切话语，"曾老师的这堂课上得很好啊！""要是曾老师在和学生交流时，说说自己中学时期的情感困惑，课堂的气氛可能会更活跃更融洽了。"……

巴金先生说：在这人间，灯光是不会灭的。

我相信。

2 一堂美妙的爱情课

沈春格

1985年，十七岁的我在高二的语文课堂上，接受了人生第一堂"爱情教育"课。

这堂课，影响一生。

在此之前，没有人当面和我提过"爱情"这两个字，更别说深入探讨了。我们的时间被试卷、作业占满，我们的神经被高考、成绩牵引，藏在心中小小角落里的"爱"的情愫被包裹着，从来不曾敞开、从来不被探寻。父母的生活只是柴米油盐，爱情似乎只有周总理之于邓大姐、孙中山之于宋庆龄那样的伟大、遥远又笼统。而我们这群只能把学业放在第一位的高中生，谈恋爱会让父母担心，甚至被批评为"学坏了"。

可那堂课，竟公然地讲"爱情"，这与当时的社会俗见所产生的观念碰撞，让我们意外和吃惊。

老师给我们朗读了苏联教育家苏霍姆林斯基《给女儿的信》。这封信的缘起，是他十四岁女儿问他"什么是爱情"。这在我们看来，向自己的父亲问这样的问题，是完全不能想象的。我能像苏霍姆林斯基的女儿那样，真正地面对自己的内心，敞开心扉和父亲去探讨"什么是爱情"吗？不，那是绝对不可能的。别说我开不了口，即便我真要问的话，父亲不但不会回答我，还会批评我甚至呵斥我。

幸好，我有这样的老师，幸好，有这样的老师将这篇文章介绍给我们。让我懂得了"什么是爱情"。

我第一次知道，爱情是"一种不可思议的美和一种从未见过的力量。这种美远远超过蓝天和太阳、土地和长满小麦的田野"。懵懵懂懂的我开始明白，爱情不是简单地爱上电视剧《上海滩》里许文强的帅，爱上小说《飘》里白瑞德的迷人眼神，也不简单是琼瑶小说里的痴情缠绵，武侠小说里的侠骨柔肠。是的，不单单是这样！爱情的灵魂里还有忠诚、责任，心灵交融的力量，总而言之，那是一种人世间美好和永恒的伟大情感。

课后，我们和老师以书信的方式，就爱情问题进行了交流。那应该是我们第一次正视青春情感的一个小小的但却庄严的仪式！

那真的是美妙的一堂课！

后来，曾老师又和我们分享了一篇叫作《柳眉儿落了》的文章，其中对少男少女爱的萌动，写得细腻而生动，我猛然意识到，原来自己内心里曾小心按捺的小情愫、小火苗是每个少男少女都有的，而故事中的主人公面对情感的羞涩、矛盾，继而理智的过程，给了我们与"藏起感情"不一样的解决方式，那是一种更尊重、更直面自己青春的方式。

虽然，我没有早恋，但我的爱情观因此开始形成，并影响了我日后的恋爱和婚姻。遇到男孩子的追求或者有人牵线搭桥，我心里常常会想起苏霍姆林斯基的那封信：那男人和女人眼神碰撞后的不可思议的美、小木屋前夫妻间的忠诚对视、花园里儿孙们的幸福耕作和玩耍以及山坡上的男人忧虑眼神里透出的对爱人的追思……那一幅幅蕴含爱情深意的画面。

爱情实在是太美好，太有深度的情感了！这让我不会随便开始一段感情，也不会随便结束一段感情，外表、家庭背景和条件当然也不是吸引我的条件。

都说爱情靠缘分。在爱情和婚姻问题上，我想我算是幸运的，老公是我的初恋，到今年我们该过银婚纪念日了。我们都喜欢听音乐、我们有着共同的生活品位和鉴赏能力，在很多话题上，我们在一起永远是滔滔不绝。但生活又何止是这些呢？这二十五年，我们也经历过事业的沉浮、经济的匮乏、困顿之中的心生间隙和吵吵闹闹。所幸，我们都笃定忠诚与长情，困苦中的坚持让我们幸运地度过那些人生的关卡。仔细想想，这幸运的背后或多或少和早已注入我血液里的爱情观念有关吧！

在我看来，这堂爱情教育课比任何一堂能提高高考成绩的课都更有价值，因为爱才是人生永恒的主题，学会爱无疑比学会知识更重要。我很感激我有一位思想那么超前的老师，在那样的年代教会我们与自己的感情，与自己的心，面对面。

遗憾的是，时隔三十年后的今天，仍然有很多家长和老师不知道怎样面对孩子的情感。作为婚姻与家庭方面的期刊编辑，我在工作生活中常常会听到一些令人唏嘘的故事，很多故事都跟"爱情教育"缺失有关。

距离我的第一堂爱情教育课已三十年的今天，发生这些令人唏嘘的故事，实在是很悲哀。三十年了，我们的家庭教育、学校教育、社会教育仍然对爱情教育无动于衷！

前不久，一位同事在我们的微信群里发了一张"小纸条"的照片，这张小纸条是一位初中老师刚刚没收的，纸条上是两个初一学生的对话："我希望你能和他有双胞胎！""我不知道是不是真的有了，心里很慌啊。"……老师看了有点不知所措，请大家帮她出主意！

这就是现在的孩子吗？

三十年了，孩子们懵懂的青春和初开的情窦，为什么还会这样在迷茫中胡乱地释放？据统计每年的寒暑假都是学生们堕胎的高峰……如果他们也看过眼神相撞后的不可思议的美、看过小木屋前的相守和忠诚、看过小山坡上老人心灵的追念，会不会在"小纸条"之前就已经开始思考不一样的问题了？爱情之美、爱情之忠诚和责任，会不会让他们对生命有更美好的描画和期盼？

作为曾老师的学生，我觉得自己是幸运而又幸福的。真的希望有更多的孩子能遇上这样的老师，希望有更多的家长能明智地引导孩子面对青春情感。

3 那堂课，那篇文

刘 颖

现在回忆起来，从小到大，我最不缺少的就是爱。只不过小时候不懂，就知道傻傻地玩，而我的学生时代还处在半封建半开放的社会状态，没有人敢把爱说出来，男生女生彼此都不好意思说话，甚至有的中间还画了"三八线"。当我第一次听到"爱"这个字，还真的是缘于我高中语文老师的一堂课。

那是1985年的事情。

至今，三十年过去了，当时课堂上的情景，曾老师说的话，我记忆犹新。

记得那天，本来和平常没什么两样，铃声响了，到了上语文课的时间，尽管是我们班主任曾老师的课，但同学们并不紧张。说实话，上她的课我们大家反而会格外轻松。

说起我们曾老师，她就是个孩子王，平时就和同学打成一片，我们班的热闹是别的班没有的。周末，老师会领我们班同学跳集体舞蹈，有时还会去爬北山、郊游。这在我们今天看起来已经是很平常不过的事情了，可那个年代却是很稀奇的，至少在我们学校，那是绝无仅有的。于是，我们班就成了一些人非议的目标了。好在曾老师是一个不太在意别人眼光的人，我们班也仍然我行我素。

还是回到那堂课吧。就在要上课的时候，班里一反常态地紧张起来。就那么一会儿的工夫，校长带着五六个人进来了，坐在了教室后面。是公开课吗？还没等我们反应过来，曾老师进来了，看到这些坐在后面的那些人，她先是愣了一下，但很快就走上讲台开始了这节语文课。我还记得老师在黑板上写着"爱的教育"四个字，之后转过身很郑重地说："今天我要给大家读一封信，一位教育家父亲写给女儿的一封信。我先问一个问题，一个十四岁的女儿问自己的父亲'什么是爱情'，你们想想，父亲会怎么回答？"这堂关于爱情的课就这样开始了。

回想起那堂课，曾经有些不解，平时男女生都不说话，涉及爱情，还是在那个公开场合，怎么大家发言都很踊跃，课堂气氛很融洽呢？想来想去，大概是后面有那么一排人，不想因为冷场而让曾老师难堪，于是，就都豁出去了。

后来，曾老师在一堂语文课上又和我们分享了一篇关于爱情的文章，名叫《柳眉儿落了》。她把文章从头到尾读了一遍。我们听着听着，开始不好意思起来，有的同学脸红了，有的同学把头低下了。因为这篇文章讲的是一对高中生早恋的故事，讲他们两个人如何互生爱慕，最后又如何理智地处理好这段感情。这篇文章太贴近我们了，它真的就像在说我们身边的事情，记得当时我们班也有早恋的。朗读完后老师让我们大家踊跃发言，谈一谈感想，但没有几个同学举手发言，多数人还不好意思。大概因为后面没有坐一排听课的人，所以大家就都本色表现了。当时，老师也没勉强大家，她留了个作业，让我们每个人给她写一封信，交流自己的想法。我还记得那时自己写的信的内容，我告诉老师，我喜欢一个男同学。之后，老师和我谈话，帮我解决了心里的困惑，还答应我，一定保守这个秘密。于是，我内心无比轻松了，秘密不再压着我心累了。我也明白了，这是青春懵懂的爱，尽管青涩但也美好。当时，我从心里感谢曾老师，她让我的心释然了。

许多年以后，我结了婚，有了女儿。等女儿到了我那时的年龄，我就把这件事情讲给她听，她哈哈大笑说，妈妈，你们太封建了，我们上小学就有谈恋爱的了，高中生都有叫老公老婆的了。她不理解我那个年代，但我仍然觉得，我们藏在心里朦朦胧胧的感觉今天回味起来都还那么美好。

感谢曾老师，她敢"冒天下之大不韪"，给我们上了一堂关于爱情的教育课，让我受益终生，至今不忘。

4 爱情教育是做人的教育

问：《中国教育报》记者杨咏梅　答：曾宏燕

问：中学物理课上，老师在上面讲"红苹果落地是由于地球万有引力的作用"，下面有学生就接话说"青苹果落地是由于爱情引力的作用"，您觉得学生的这句戏说透露出现实中的什么信息？

答：这句戏说，其实是中学生对青春期男女同学间"爱慕"情感的认可，在他们看来，那完全是顺理成章自然而然的事情，是谁也无法阻挡的，就像苹果树上的苹果熟了必然掉落在地上一样。现在大多数的中学生，他们可以理解其他同龄人的彼此爱慕，可以欣然接受来自异性的爱慕，也会大胆表达自己对异性同学的爱慕，也就是说，他们更注重情感的自然性，而鲜有压抑自己的。虽说是戏说，却表现出他们内心的真实，而且真实得可爱。当然，这句戏说也可以视作对不理解他们的成年人的一种调侃。

问：现在流行的校园文学或青春文学少有不涉及爱情的，而成人创作中却鲜见直面中学生青春情感话题的作品。《爱，你准备好了吗？》感动了那么多人，可也同时面临着一枝独秀的寂寞。在性教育越来越受到重视的今天，您还坚持认为爱情教育远比性教育重要吗？

答：这本书刚出版的时候，首先受到了媒体的关注，央视"读书时间"的访谈，以及《中国教育报》《中国青年报》《中国图书商报》等媒体的专题报道，使《爱，你准备好了吗？》这本书被更多的人知晓。国家教育部关注到这本书和爱情教育的观念，电话直接打到学校，邀请我参加了当年教育部举办的"教育论坛"，《人民教育》还刊发了我的讲稿。但由于此书发行的滞后，知道的人不少，但能够买到并读到的人并不多，所以影响就非常有限了。时间一长，也就自然而然被淡忘了。您提到寂寞，是的，寂寞。其实，在这本书的寂寞的背后，是爱情教育观念的被漠视。虽然，这种寂寞反而让我听到了在热闹的环境中根本无法听到的来自同道者真切的声音，但也让我为爱情教育受到冷落而焦虑，尤其在近几年校园里因青春期情感困惑引发的悲剧事件日益增多的情况下。

与爱情教育的寂寞形成巨大反差的是性教育的"热闹非凡"。面对性教育被高度重视的现实，在不否认性教育存在的合理和必要的前提下，我仍然要说，爱情教育远比性教育重要。我理想中的青春期教育，应该是以爱情教育为主，以性教育为辅。没有爱情教育而只有性教育的青春期教育，只会导致生物利己主义的泛滥，而不能将人性提升至人类文明的高度。没有爱情教育又没有正确的性教育的青春期教育，会让孩子们误入歧途，更明确一点说，"性教育"和"性教唆"有时仅有一步之遥。在我看来，爱情教育是引导孩子们追求高尚美好的教育，她是给孩子们的成长提供一块丰腴的情感土壤，一片明朗的道德蓝天，让他们青春期萌动的性的种子有一个健康良好的发育环境，留待日后萌发爱的叶片，绽放爱的花朵。唯有这样的教育，才能从根本上让孩子们面对一时的冲动，克制荒唐的行为，而仅仅着眼于知识讲授的性教育，可能会让他们懂得保护自己，但不会让他们懂得对他人、对社会的责任。我们的教育不能成为"头疼医头，脚疼医脚"的蹩脚"医生"：看到现在的一些中学生出现了性行为，就把"性教育"当作一剂良药拿来试用。其实，我们应该从行为约束的道德方面去考虑问题，才能真正防止孩子们出现不慎的行为。

总之，爱情教育作为一种"做人"的教育，无论是从道德、从理想、从情感等各方面对学生一生的影响，都是性教育无法可比的；还可以说，只有在爱情教育辉映下的性教育，才是真正意义的属于我们"教育"范畴的性教育，离开了爱情教育的性教育，在我看来是无本之木。

鉴于此，我的爱情教育的观念，在寂寞的现实中日益坚定，从未动摇。

问：您把爱情教育放到做人的高度进行了长达二十年的思考和实践，您认为中学教师应该如何引导孩子们阅读爱情、准备爱情呢？

答：我觉得爱情教育应该从小抓起，不仅仅是中学阶段。比如，儿童期的爱情教育，一般以美丽的童话故事为主要内容，给他们幼小的心灵带来明媚的色彩，带来美好的憧憬。尼采说过一句很精彩的话："一个人童年时代对色彩的记忆，在将来的岁月里，他总是用另一种形式将这种记忆表现出来。"可见童年记忆色彩对人生的意义。而随着他们的长大，也就是步入了初中阶段，就可以用文学、音乐及其他艺术形式对他们进行多方位的影响，增强他们童年时代对爱情这种人类特有情感的美好向往。

我之所以强调用文学艺术的形式来进行渗透式的爱情教育，就是我认为情感的教育，道德的教育，潜移默化的影响远胜过说教，那是一种渗入心灵的教育，而不是一种桎梏心灵的教育。当然，到了高中阶段，随着他们生理和心理的日趋成熟，应该引导他们去理性地认识这种情感，这时候，可以给他们读一些哲学方面的或者其他有深度的有关人生感悟的作品，引导他们在更广阔的人生背景中，去认识和体会爱情。

简言之，爱情教育应经历一个由感性逐步到理性的过程。具体安排，既要考虑到整体年龄段的差异，也要考虑到个体性差异，更要考虑教育形式的丰富性和多样性。

现在的学生面对的是更加复杂的生存环境，在引导他们向往美好的同时，也要教会他们认识复杂的社会问题。比如有些学生在网络上遭遇"爱情"陷阱，假如我们的教育有这方面的警示，那么很多孩子是可以避开这些危害的。另外，创设一个团结友爱的班集体，为爱情教育提供一个良好的环境也是很重要的。

当然，爱情教育还肩负面对个体的引导和教育，这是一项更加具体和细致的工作。所以，爱情教育要真正得到落实，不仅有观念的问题，有现实功利的干扰问题，还有一个教师自身的素质和责任心的问题。

在阅读方面。我觉得教师一是要向孩子们推荐经典的爱情读物，并和他们就阅读中的感受进行交流，引导和帮助他们正确理解；二是要关注孩子们自己选择的爱情读物，尤其是当今图书市场良莠不齐，我们必须知道他们在读些什么，才有资格和他们就一些问题展开探讨。在探讨中，一定要注意和他们的平等对话，才有可能有效地引导。有了推荐和引导两方面的工作，阅读爱情才会给孩子们的心灵带来真正的滋养，为他们准备爱情提供精神背景。

内容节选自《中国教育报》2004年8月26日第5版